明帝国边防史

从土木堡之变到大凌河血战
（修订版）

指文烽火工作室 / 著

版权所有，翻版必究
发现印装质量问题，请与承印厂联系退换

图书在版编目（CIP）数据

明帝国边防史：从土木堡之变到大凌河血战 / 指文烽火工作室著. -- 长春：吉林文史出版社，2015.11
ISBN 978-7-5472-2923-1

Ⅰ.①明… Ⅱ.①指… Ⅲ.①边防-军事史-研究-中国-明代 Ⅳ.①E294.8

中国版本图书馆CIP数据核字(2015)第268300号

MINGDIGUO BIANFANGSHI
CONG TUMUBAOZHIBIAN DAO DALINGHEXUEZHAN

明帝国边防史：从土木堡之变到大凌河血战
（修订版）

著 / 指文烽火工作室
策划制作 / 指文图书　责任编辑 / 吴枫
执行编辑 / 戴雨濛　装帧设计 / 郭娜
出版发行 / 吉林文史出版社
地址 / 长春市人民大街4646号　邮编 / 130021
电话 / 0431-86037503　传真 / 0431-86037589
印刷 / 重庆共创印务有限公司
版次 / 2018年10月第2版 2018年10月第1次印刷
开本 / 787mm×1092mm　1/16
印张 / 11　字数 / 175千
书号 / ISBN 978-7-5472-2923-1
定价 / 69.80元

前言 QIANYAN

正统十四年（公元1449年）七月十一日，统一了东西蒙古的瓦剌太师也先，以"大元一统天下"为口号，率领着蒙古铁骑在明帝国数千里的边境线上展开了猛烈进攻。也先的大兵压境，让这场战争几乎没有从小战到大战的过渡。明蒙双方从一开始就投入了大兵团作战：七月十一日，明帝国大同右参将吴浩领兵于猫儿庄遭遇也先大军，兵败身死。十五日，大同总督宋瑛、驸马都督井源、总兵官朱冕、左参将都督石亨四路将领统兵四万到阳和，寻求和也先主力的决战。但不幸的是，阳和之战明军再次全军覆没，仅少数人仓皇逃回。

边境烽火接踵而至，持续的战败让朱祁镇这个年轻的明帝国皇帝再也无法安心地坐镇北京城。在内官王振的怂恿下，血气上涌的朱祁镇不顾群臣反对，决意亲征。朱祁镇仅仅准备了两日，便于七月十六日告别了太庙的列祖列宗，率领数量庞大的亲征军浩浩荡荡地离开皇城，向前线挺近。

然而，朱祁镇这一血气上涌的仓促决定，让根本没有任何准备的京营将士惶恐不已。明军没有足够的粮草，没有充分的动员，几乎什么也没有。随行人员也都很沮丧，他们不知道自己的皇帝到底要干什么。二十三日，当亲征大军驻跸宣府的时候，本该秋高气爽的华北天空却突然乌云密布，风雨大作，原本就惊惶不已的亲征官军更加觉得这是上天的警示。负责观察天象的钦天监监正彭德清劝说王振：天象有变，应该立即回师。但却遭到了王振的厉声斥责。二十八日，明军到达阳和，这里是大同官兵和瓦剌军战斗的战场。只见这里尸横遍野，阵亡明军的尸体已经腐烂得臭不可闻，似乎在用这种方式诉说着他们的苦难。亲征大军就在这种惶恐不安的心态下，缓慢地到达了大同。

然而明军到达大同后，却没有见到瓦剌军的踪迹，这让朱祁镇很是沮丧。最后，他考虑到巨大的后勤压力，低落的士气以及不明朗的战场态势，决定班师回朝。

八月初十，亲征军自大同返回京师。然而"赶巧"的是，一路不见踪影的瓦剌军，却在土木堡（今河北省怀来土木镇）附近出现了。朱祁镇和王振很紧张也很高兴，因为他们终于遇见了敌军。也先太师同样很紧张、很高兴，因为蒙古人已经在这里等待很久了。

于是，血腥的会战展开了。

残阳如血，两军厮杀在小小的土木堡，喊杀声震撼天地，响彻山谷。不知道过了多久，喊杀声渐渐平息，一切归于平静。

八月十七日，北京收到了土木堡战败的消息：亲征军大败，明帝国的最高统治者明英宗正统皇帝朱祁镇被俘。是为"土木堡之变"。

土木堡的名字也因为这次大战而在历史上留下了重要的印记。这场大战给明帝国和瓦剌都造成了深远的影响，明军土木堡之战的战败直接导致同年十月的北京保卫战，此战也对后来明帝国边境的军事部署和明对蒙古的外交政策产生了深远影响。可这场在当时震惊了整个东亚大陆的战役，在史书上却很少有详细记载。史书上的记载或寥寥数笔，或语焉不详，甚至连双方兵力都是一个谜团，更不用提其中诸多秘而不宣的运筹和谋划了。因此，土木堡之战衍生了诸多的传说、妄言，甚至是阴谋论。

更重要的是，土木堡之变对明代中后期边防政策和战术带来了前所未有的冲击和改变。日后明帝国虽然边防重心不断变化，但其国防政策、军事布局以及建军思想都或多或少地受到了土木堡之变的影响。更由于土木堡之变的刺激，明军发展出了更有针对性、更具性价比的火器战车战术。这其中不乏能臣良将的不断探索与尝试，更有"俞龙戚虎"这对军事天才所进行的划时代军事改革。然而，一切努力和变革，都受困于明帝国日益崩溃的财政与政治，更随着女真八旗的崛起而付之东流……

一切的一切，还是要从那场著名的土木堡之战说起。

目录 MULU

- 1　土木堡之战兵力之谜
- 20　历经千年的宣府防线
- 47　土木堡之战的布局与较量
- 62　力挽狂澜的北京保卫战
- 81　从土达之乱到红盐池之战
- 105　明代边防的火器与战车
- 136　"俞龙戚虎"的车营改革
- 150　来自女真八旗的终极挑战

TUMUBAOZHIZHAN BINGLIZHIMI

土木堡之战兵力之谜

◎ 杨继正

关于土木堡之战,最大也最受关注的谜团就是双方到底投入了多少兵力。其中流传最广、最为夸张的说法是明英宗率领着五十万明军,却被两万瓦剌军击败。这种说法之后又引申出各种推论,比如明帝国外强中干、明军不堪一击,甚至有人臆想出了所谓狼图腾崇拜之类的奇谈怪论。

那么,明英宗朱祁镇到底带了多少兵力出征呢?

"四十万京营"半数实额

其实,土木堡之战明军的参战人数,在明清官修正史如《明实录》《明史》中均不载,较早的记载来自于刘定之的《否泰录》。明朝天顺年间,刘定之根据自己的见闻,参考杨善、李实的《奉使录》等书,著成《否泰录》。根据刘定之的记载,土木堡之战中明朝方面军人以及随行非战斗人员的总人数达到五十万,明人和清人多引用刘定之的说法,如谈迁的《国榷》、郑晓的《北虏考》等。经过数百年的渲染,清代谷应泰撰写《明史纪事本末》时,直接不提"私属",写作"官军五十余万人",此为影响最大的一种说法。

与刘定之的《否泰录》差不多同时,李贤所著的《古穰杂录》却有另一种说法:

"……二十余万人中,伤居半,死者三之一,骡马亦二十余万,衣甲、兵器尽为胡人所得,满载而还。"

根据李贤的记载,土木堡之变中的明军人数实为二十多万,与刘定之记载的数字相差一倍。但之后只有《西园闻见录》和傅维鳞的《明书》引用了李贤的数据，可谓从者寥寥，可见李贤的记载在当时并不为人重视，到如今更是少有人提及。

不过，关于明帝国兵员数量，明清史书中记载倒是较为详细。根据《明史》，洪武二十六年，明帝国全国内外共有329个卫所；明成祖即位以后，兵员数相较明太祖时期又有所增加，都司卫所一共有493个，一卫所额兵一般为5600人，如此计算，明成祖时期明帝国的兵员总数达到了2760800人。

那么，明成祖时期，北京范围内的明军有多少呢？首先，明初京畿附近的明军主要是京营和畿内卫所兵。明成祖迁都北京以后为满足卫戍京城的需要，设立了京营七十二卫。七十二卫兵员当在四十余万的规模。明帝国京畿地区的卫所军亦不在少数。根据《西园闻见录》载，明成祖迁都以后，畿内置五十余卫所，大约有官军二十余万。明人蒋德璟也说成祖时期设立京卫七十二，达到四十万人，京畿八府又有军二十八万。一般来说，京畿地区的卫所主要为京营的预备人马，蒋德璟所言与《西园闻见录》的记载相印证，京畿地区的卫所军士人数当在二十余万无误。

在宣德年间，明朝政府又确立了班军制度。当时，明帝国从宣德元年开始，每年定期在春秋两季征调河南、山东、大宁都司、中都（凤阳）留守司、直隶淮阳等卫及宣府军士到京师备操。这些备操军分春秋两班，每班八万人，满额共官军十六万员，由此得名"班军"。如此算来，根据明人之记载，在正统以前，算上京营预备队的畿内八府的二十余万军士，明帝国京营额军人数当有五六十万人。此后，万历年间

◎ 《平番得胜图》中的明军形象

土木堡之战兵力之谜

的进士周炳谟也曾提及明初的京营京城内外共有军队五十余万人，当为不谬。

由此看来，如果皇帝亲征，明军投入五十万人似乎也不是没有可能。但是以上数据都是额定兵员数，不等于实际兵力。比如从宣德五年开始，京营中五军营的额定兵员就逐渐缺失了：明成祖时期京营的五军营中，每军步骑二万人，以后又调大同等边备御，到宣德时期，五军总存五万七千余人，而神机等营的规模也相继缩小，五军营每军步骑二万，则额兵当为十万人，可在宣德五年便因调遣及逃亡等原因，总兵力仅达到原额的一半。针对这种军额不足的情况，明宣宗命令兵部在京畿卫所等地挑选十万军改隶五军营训练。但是到了正统年间，京营缺额的情况依然不容乐观。正统二年明英宗命令太保成国公选军操练之前，五军营因为派遣了不少军士到各边镇卫戍，以及逃亡众多，兵力就已经缩减了二万五千人。

那么到了正统十四年，明英宗亲征之时，京营人数究竟有多少？明人叶盛的《水东日记》留下了一段有关明帝国卫所军兵员数量的珍贵记录。根据记载，正统十四年土木堡之战前夕，五军都督府并锦衣卫等卫官旗军人应有3258173名，实有1624509名，缺员1633664名；锦衣卫等三十五卫应有294117名兵员，实有159871名。这段记载中提及的锦衣卫等卫共有三十五个卫所，满额官军应有二十九万余人。另外，后军都督府划归京营管辖的卫所有三十九个。根据《大明会典》的京营编制，在京卫所每一卫所满编军士的人数为五千，那么这三十九卫的额定兵员数就约为195000人。也就是说，正统十四年前后，京营额定官军的纸面兵力约为489117人，但实际只有一半在岗。

特别要提到的是，这将近四十九万的京营纸面人数并不全是战兵。明朝建国初期，百废待兴，民无定居，耕稼尽废，急需与民休息，发展社会生产力。所以以当时的情况，若取税于民，养活庞大的本国军士，无疑会使国家经济雪上加霜。于是明太祖便下令各卫所就地屯田，卫所军士自

◎ 明代御林军复原图

己屯田耕种，以为军饷，是为屯田制。卫所军士通称为旗军，旗军又分为屯军和守军，屯军专务屯田，守军专务操练及对敌。一般来说，明代卫所的屯守比例在边地为七三开，即在一般情况下，一个卫所的旗军中，屯军占七成，守军占三成；在腹地则为八二开。根据《大明会典》记载，京营屯田原额为六千三百三十八顷五十一亩八分二厘。那么根据三分战七分屯来计算，京营之中，操练而不屯田的战兵满额人数应为十四万六千余人，这与《明实录》中正统二年记载的三大营额兵数量大体相当。那么可以得出，当时京营的战兵纸面总人数为战兵十四万余人加上班军八万余人，即大约二十二万。

既然在土木堡之战前夕，京营实际兵数仅仅不到定额的一半，那么京营的战兵显然也不可能是满额状态。但要说明的是，当时京营实际的战兵数量不能直接套用《水东日记》记载的比例来计算。因为前文说过，卫所旗军分为屯军及守军，而屯军和守军的逃亡率大不相同，不能简单地一概而论。一般来说，屯军的逃亡率要比守军高得多。这是由于国家承平日久，豪强、权贵、军官侵占军屯、压榨屯军的现象在全国都很普遍，屯军不堪劳役，又无力偿还因屯田数量不足而需要担负的钱款，于是纷纷逃亡。宣德四年，屯田情况已经非常严峻。在明太祖及明成祖时期规定的卫所屯田制度中，处于明帝国边境的卫所旗军战屯比例为三分四分守城，六分七分屯田；腹里地区卫所战屯比例为一分二分守城，八分九分屯田。当然，这不是硬性规定，也存在战屯

正统年间各地卫所战守比例

年份	地方	边地/腹里	守	屯
宣德十年	广西	边地	征差逃故者多以余丁老幼补	—
正统元年	陕西岷州卫	边地	9	1
正统元年六月前	各处屯种卫所	—	下屯军人百不遣一	—
正统元年六月	各处屯种卫所	—	3	7
正统六年	陕西秦州卫阶州千户所	边地	3	7
正统七年	湖广	腹里	3或2	7或8
正统八年前	广东沿海东莞等二十四千户所	边地	8	2
正统十三年	云南腾冲卫	边地	6	4

比例对半开的现象，然而仅仅到了宣德四年，全国各卫所便不遵旧例，屯田人数或十人或四五人，虽有屯田之名，却无屯田之实了。

虽然明帝国采取了一系列措施，但是屯军大规模逃亡的情况依然没有改善。如宣德八年，山东按察使虞美信奏称，济南卫旗军总数为五千六百人，此外还有随营余丁老幼不下千人。但是下屯的军士，在宣德五年却只有一百九十人，六年为四百七十人，七年四百八十人。而且这种情况在全国范围内并不是个例。

正统年间，屯军逃亡的情况依然严峻。

明帝国边境地区，屯兵失额的程度远高于腹地，有些地方的屯军大量逃亡，以至于屯军和守军的比例颠倒过来，造成了八分守军二分屯军。可见屯军的逃亡率远远高于《水东日记》所记载的一半，因此各个卫所战兵逃亡的比例相对还是较低的。鉴于正统二年的数据，三大营中的五军营，实际兵力为满额的四分之三，考虑到五军营中都是要承担边防任务的战兵，因此不妨将这个比例当作京营另外二营的实际战兵比例。三大营满员战兵兵额约为十五万，那么正统十四年的京营战兵人数应该大致在十一万多一点。

另外根据记载来看，正统十四年，明廷规定，来京操练的其他诸省的班军，分为前班和后班，前班三月还，八月到，后班八月还，次年三月到，河南、山东、北直隶的强壮官军，皆隶前班。明英宗亲征时间在七月，此时前班军尚未回到原籍，故满额班军当在八万左右。因此就算将从各地抽调来的班军以满额算上，正统十四年的土木堡之战前夕，京师明军实际战兵兵额也不会高于二十万。

而且这不到二十万人也无法全部随明英宗亲征。因为正统十四年六月底，由于明帝国和也先交恶，边防形势急剧恶化，明英宗命令太保成国公朱勇选京营四万五千人，令平乡伯陈怀、驸马都尉井源、都督耿义、毛福寿、高礼、太监林富率三万军队前往大同，都督王贵、吴克勤率一万五千军队前往宣府，以准备抵御随时可能入侵的蒙古人。这说明在土木堡之战以前，京营队伍就已经派遣了四万五千人前往宣府、大同备边，此时在京的京营人数不会超过十六万。

另外，在土木堡之战明军覆灭五天后的一则记载中提到过召集新选余丁、官舍和旧操舍人及报效者填补城防人数空洞的情况。新选余丁、官舍是指新招募的军士。旧操舍人是当时北京里唯一一支来自三大营的部队，属于幼官舍人营。他们平常负责操练十五六岁的明军子弟，是五军营中实力较差的一部，故得留守。其他的守城士兵则是工匠、伙夫这类非战斗人员，甚至连皇城里的禁卫军士都被算上了。可见土木堡惨败之后，北京除了战力较弱的幼官舍人营外，并无其他战兵。也就是说，明英宗亲征时，把不到十六万可战之兵中能带走的都带走了。

另外，虽然京畿地区的卫所兵是京营的预备队，但是当时明英宗的亲征准备得

◎ 明英宗朱祁镇

特别仓促，短时间里很难征调多少卫所兵去补充京营或随明英宗亲征。而且，虽然土木堡之战明军私属队伍庞大，但是当时募兵制度尚未确立，所谓私属大多为辎重民夫以及仆从一类。因此，可以明确地推断出，随明英宗亲征的可战之兵不会超过十六万，应该在十五万左右。

到了正统十四年八月，明英宗的亲征部队自大同向土木堡运动时，明军兵力又发生了一些变化。土木堡之战后明朝政府统计的死难官员名单中，平乡伯陈怀、驸马都尉井源名列其上，吴克勤则死于明英宗将要到达土木堡前的断后战斗。这说明明英宗自大同回师时，陈怀、井源、吴克勤等人所率原京营兵马已归建到亲征大军中。不过，在明英宗进军至宣府时，井源部就已为瓦剌军所败；到达大同时，平乡伯陈怀也遭遇败绩。这说明归建的原京营兵力已受到一定的损失，兵力不会超过四万。也就是说，在回师到达土木堡之前，明军人数大约增加了三万余人，亲征大军的人数不会超过二十万，应该在十九万左右。

明军将要到达土木堡时，兵力又发生了变化。正统十四年八月十三日，谍报探知瓦剌军队欲袭击明军后翼，明军派遣恭顺侯吴克忠作为后军和也先军作战，吴克忠战死。吴克忠是吴克勤的哥哥，吴克勤也战死于此役中，那么吴克忠率领的断后明军就应当是当初吴克勤带往宣府备边的一万五千名京营士兵。

当日将晚，亲征大军得知吴克忠部全军覆没的消息后，明英宗再遣成国公朱勇、永顺伯薛绶领率军阻击，此后朱勇中伏，全军覆没。关于朱勇的领军人数，有四万、五万两种说法，说明当时朱勇率领的军队人数可能接近五万人。因此明军总数又减少了将近五万人。也就是说，在到达土木堡时，明军总兵力为十三万到十四万之间。

不过，就算土木堡明军只有十三万到十四万，但如果瓦剌军真的只有两万人，那么土木堡之败仍可以算得上是明帝国军事史上的一次奇耻大辱。因为要是面对两万瓦剌军，将近二十万的亲征大军只能一路撤退，然后被连番吃掉断后部队，最后将近十四万军队被一击而溃，那么这种情况已经算不得惨败了，绝对是军人和国家的最大耻辱。

那么明军对面的瓦剌军队到底有多少人呢？真的只有两万骑兵吗？

"四十万蒙古"倾巢而出

土木堡之战也先两万兵力的数据，其实出自明代《否泰录》，后世的史料多沿用此记载。事实上，瓦剌南侵的大军，兵额数量远超于此。

也先在正统十四年七月南侵之前就已经做了充分的动员工作。正统十四年正月，有一名名叫吴良的锦衣卫指挥使在出使瓦剌的时候被也先扣留。吴良既然任锦衣卫指挥，出使瓦剌的任务之一自然便是刺探情报。果然，被扣不久，吴良便秘密派人逃回密奏，密奏的内容是：本年初秋的时候，蒙古诸部将入犯明帝国。事实证明，也先果然在秋七月大举入犯。也就是说，也先对明帝国的入犯是经过大半年甚至更久的

土木堡之战兵力之谜

◎ 蒙古骑兵及其装备复原图

预谋和动员以后才进行的。那么,瓦剌到底动员了多少人?土木堡之变中瓦剌的真实出兵数到底是多少呢?

在《蒙古源流》的清译版本中,有这么一段记载:

"托欢太师之子额森(即也先)……遵其父遗言杀蒙郭勒津之蒙克拜。本日带领都沁·都尔本二部落行兵于汉地。"

这里提到了一件事，那就是也先南侵的时候所部为都沁·都尔本二部。"都沁·都尔本"是什么意思呢？这个词在蒙语里意为"四十四"，实谓四十四万户。蒙古人沿袭蒙古地区古老的传统，号称那里有四十万户，即"四十万蒙古"。这初步说明四十四万户包括了中东西三方全部的蒙古人，即鞑靼、兀良哈与瓦剌的人口总和。在元末明初时期，瓦剌部尚未统一周边诸部时就有四万户之规模。而此时瓦剌早已统一蒙古，东西蒙古、兀良哈、哈密、沙州乃至女真皆在蒙古部的统辖之下，可见统一之后的漠北蒙古人口相当可观。

从这一史料来看，也先所率领的蒙古大军的数量是相当恐怖的。因为就算每一户蒙古家庭出丁一名，也有四十四万大军的规模。当然，这四十四万户主要是虚指。

不过，按照《李朝实录》的记载，瓦剌征服女真时一度出动过十万兵力。如果没有夸张的话，就是说四万到六万户出兵十万。东蒙古的动员能力当不低于西蒙古瓦剌部，排除镇守瓦剌王庭及弹压东蒙古、哈密、兀良哈的兵额，当时瓦剌可动员的兵力在二十万上下。第二点可以作为佐证的是叶向高的《四夷考》，根据记载，正统十四年七月，也先尽发其所率部落犯边，进一步说明也先基本派遣了所有能动员的兵力进犯明帝国。根据这几部分史料考证，也先率领的都沁·都尔本二部兵力应不低于二十万之数，这一战已经可以当之无愧地被称为明帝国与瓦剌的"全面战争"了。

至于土木堡之战中瓦剌具体投入的兵力，历来鲜有史料数据。不过我们可以通过后来的北京保卫战逆推出土木堡之战的

◎ 俄罗斯壁画中的蒙古骑兵形象

瓦剌兵力。也先直扑京师时，将兵力分为三个部分，一部分由自己率领，一部由脱脱不花率领，另一部由阿剌知院率领，分道而进。根据《明实录》记载，土木堡之变后，也先乘胜进攻京师，不克远遁。镇守大同的定襄伯郭登抓获了瓦剌方面的奸细，械送至京师，并命"锦衣官鞫之"。通过锦衣卫的拷问，瓦剌奸细招供称：土木堡之战前大同之战中，把八平章战死；北京保卫战中，卯那孩平章及其弟孛罗叉相继阵亡；也先一部的人马共计九万，其中战死及疫死已不下万余。也就是说，北京保卫战时，仅也先一部，手中可用的人马便有九万之众。此段记载是否对蒙古人马做出了夸大处理？答案是否定的。

正统十四年十月五日，也就是土木堡之变过去一个多月后，宣府总兵官、昌平伯杨洪奏称：本月四日，蒙古军三万人马过顺圣川洪州堡，欲入犯北京；同月九日，明帝国叛阉喜宁引蒙古骑兵攻紫荆关，明军力战不支，紫荆关失守。也就是说，这三万人马是自宣府入境，直扑紫荆关的。那么这三万人马是哪一方面的？根据《北征事记》的记载，正统十四年十月初三，也先一部至阳和，向当地明军守军讨了牛羊和酒；初四日，又移动到紫荆关北空地驻扎。两边记载的时间大致相同，顺圣川是到紫荆关的必经之路，我们可以得出结论：也先的三万部队即是这路人马。

到这里可能就有人有疑问了，既然前文说也先部进犯京师有人马九万，为什么杨洪仅仅奏报了三万多人？是不是数据存在谬误？其实，数据并没有错，因为也先在攻破紫荆关后，又在紫荆关增加了兵力。

也先兵临北京城下时，在最后一次与明廷的议和以失败告终后，盛怒之下说了这么一段话："北京已立皇帝，要领人马来交战，终无讲和之意。我今调军马再去相杀，令彼南迁，与我大都。"

这说明也先在和明朝政府议和失败以后，又通过已被攻破的紫荆关调集主力，欲与明帝国决战。这是有资料可验证的。根据《国朝献征录》记载，北京保卫战胜利以后的十月十五日，也先因战败首先奔窜到居庸关下，欲和居庸关外的阿剌知院一道内外夹攻居庸关。进攻居庸关的也先一部有兵马五万余人，也就是说，十月十五日，也先在配合还未攻破居庸关的阿剌知院攻打居庸关的战斗中，共动用了五万余人的兵马，已经比前文的三万余人要多。此记载当不是错误记载，因为这在后来的史料中亦有体现。

另外，也先在南侵的过程中，为了补充军需，会派遣各部进行劫掠。这些部落参与劫掠的人有基本固定的规模。在也先军最强盛的时期，入犯明帝国的蒙古部少则五七千，多则一二万。他们围攻明帝国沿边各城堡，以至于在边军民不敢出城樵采收割。可见也先出兵劫掠的规模是非常大的，就算最少的一路也远远超过了正统以前的入寇规模。这样的兵力，沿边仅有百人戍守的军堡自然不是对手。也先这种毫无顾忌的入寇，留下了不少关于其入寇的人数和规律的记录。《景泰元年实录》载：景泰元年正月，也先与赛罕王部分首领率领人马一万七千袭击大同阳阿；大同

明帝国边防史：从土木堡之变到大凌河血战

◎ 蒙古人骑射图

王率领人马一千七百袭击边头关；答儿卜花王率领人马一万七千进攻柴满；铁奇卜花王率领人马七千进攻大同八里店；铁哥平章率领七千围天城；脱脱不花王率领人马进攻野狐岭及万全。此段很详细地记载了瓦剌部入侵的路线及其分部、人数。记载中，也先亲自参与劫掠，说明这股劫掠的蒙古人是也先南侵的主力。可见除去自成一部的脱脱不花，当时也先的总兵力达到四万二千七百人。而这四万二千七百还是减去北京城下战损兵员后的人数，这与前文也先逃奔居庸关时的五万人正好吻合，前后印证，更为准确。

综上所述，十月十五日也先一部一共五万人攻关。结合前文的实录记载，这充分说明也先攻入北京的人马不会只有三万，那么他口述的九万人马当是较为可信的。由此可推测出也先部攻到北京城下的人马当在九万上下，在北京城下的损失将近一半。

再来看另一路脱脱不花的部队。在也先攻破紫荆关之前的九月二十四日，秘密潜入瓦剌的明锦衣卫小旗陈喜同获得情报，趁机逃回明帝国。陈喜同的情报称，脱脱不花王率领一万蒙古军劫掠广宁，后回到野猪口旧营，之后又往西南，欲与也先及阿剌知院二部相约来攻北京。从这段密报可以看出，当时入寇北京的瓦剌部一共分为三部，即也先部、阿剌知院部和脱脱不花部。脱脱不花带领一万人进攻辽东广宁，相关记载同样出现在《明实录》中，不过人数却和陈喜同所言有异：正统十四年九月八日，根据辽东提督军务左都御史王翱、总兵官都督曹义、镇守太监亦失哈等人的奏报，有蒙古军三万余人入境，连破驿、堡、屯、庄八十处，掳去官员、军兵、男子、妇女一万三千二百八十余人，马六十余匹，牛羊二万余只，盔甲二千余副。

而在也先一部攻打紫荆关之前与明英宗一道陷于虏营的岳谦则密报称，也先一部此时共有蒙古军士三万人，又有其他部的二万蒙古军从古北口入犯。此记载的也先一部人数与杨洪所奏完全吻合。两方印证，也先一部在攻关时为三万人无误。那么，岳谦所密报的二万人为何变成了三万人?这多出的一万当为女真诸部。后来自蒙古归来的明军军士在敌营中得知,如今在辽东地区劫掠的敌寇,就是建州、海西等卫的女真人和兀良哈三卫的蒙古人。朝鲜方面亦有相应记载:世宗三十一年(正统十四年)八月二十七日的奏报称,建州首领李满住,勾结海西野人、兀良哈三卫,入犯明帝国。可见脱脱不花到达辽东以后,联合兀良哈部、女真部,大肆抄掠了辽东地区。考虑到辽东被寇的奏报在陈喜同之前,而陈喜同虽然从瓦剌走回,但是接触其高层的可能性不大,所刺探的情报应为自己目睹的大概情况,且脱脱不花为蒙古汗,所带兵力不会比也先少太多。因此综合所论,陈喜同当传报有误。综合史料得出,脱脱不花的队伍人数应在三万上下。

关于最后一路瓦剌军,《明实录》中并无记载,只在当年十月十五日的条目中一笔带过:"是日(即正统十四年十月十四日),达贼之未入关者,运板木、草束以攻居庸关,官军用火器击却之。"

这一路人马的首领到底是谁,有多少人,实录中并无记载,但根据当时居庸关守将右副督御史罗通的回忆,也先在北京战况不利,被迫奔逃到居庸关的同时,有一支蒙古别部攻打居庸外部甚急,此时天气非常寒冷,罗通命令将士取水灌城,水结冰以后这一支部队难以继续攻打,于是在僵持七日之后遁走,罗通趁机追击残敌,大破蒙古部。

另外,《西关志·忠义附》也有记载:"正统己巳(正统十四年)……本年十月,内鞑贼也先、脱脱不花王并阿剌知院诸酋长率三万余众攻围本关甚急。"

综合来看,十月十五日,自古北口入犯的脱脱不花部显然不可能到达居庸关;而也先在当日攻打北京失败后才逃到居庸关。再配合《国朝献征录》的记载,也先是从关内攻打的居庸关,因此自然不可能于十四日还在居庸关外攻城。那么《西关志·忠义附》里所说的有脱脱不花和也先的队伍当为错误,从外侧攻打居庸关的这一路军队就必然是阿剌知院所部,该

◎ 蒙古骑兵作战图

部有三万余人。

还有一点要说明的是，参与土木堡之战的瓦剌军士人数要多于北京保卫战时期的人数。瓦剌南侵的目的，一是为了取得和明帝国同等的政治地位，二是为了通过劫掠补充诸部落的物资储备。所以瓦剌俘虏明英宗之后，除了核心本部外，其他的蒙古游骑或转而四散劫掠，或驻扎在已攻陷的明军军堡中搬运粮草。北京保卫战后，李实出使瓦剌时路过独石城，就看见蒙古人依然在搬运独石城的粮草。

综上所述，在北京保卫战早期，也先、阿剌知院、脱脱不花各率领三万余人深入明境。此后也先通过增兵，自率九万余军队围攻北京。八月时，脱脱不花率领所部第二次入寇辽东，没有参与土木堡之战。那么土木堡之战中，瓦剌参战的部队应是也先一部与阿剌知院一部。再考虑到此前瓦剌经过大半年的动员和准备，可谓倾国而出，而在打完土木堡之战后，相当多的南侵部队四散劫掠或留守后方，也先手中所掌握的主力仍多达十万规模。因此按最保守的估计，土木堡之战中，瓦剌的总兵力应该在十三万人以上。

此外，还有一点可以作为瓦剌军兵力雄厚的例证：正统十四年八月上旬，也就是土木堡之战前夕，明军根据谍报得知瓦剌部即将袭击明军后军。明军派遣恭顺侯吴克忠为后距，吴克忠部旋即全军覆没。快到晚上的时候，战败的消息传来，明军随即又派遣成国公朱勇、永顺伯薛绶率领官军四万断后。朱勇部到达鹞儿岭后遇伏，亦全军覆没。朱勇之败在一些史书里被归罪为朱勇"勇无谋"。但是其实此说根本无法令人信服，陈询在为朱勇撰写的墓志铭中曾谈及朱勇治军，称赞他为人恭和，威而不猛，治军有方，号令严明。朱勇的从军生涯中，战争经验丰富，连一代雄主明成祖都将各类兵政放心托付给朱勇。故史书中"勇无谋"的说法可以算作一种污蔑。虽说墓志铭将责任归罪到监军刘僧冒进导致明军中伏，但是在土木堡之战的前哨战鹞儿岭之战中，久经战阵的朱勇所率的四万大军在非常短的时间内即全军覆没，这只能说明对方具有相当大的兵力优势。鹞儿岭地区的蒙古军队正是也先一部，这也从一个侧面验证了当时瓦剌投入了非常雄厚的兵力。

至于骑兵与步兵的战力差距，我国古典兵书《六韬》中曾有推演，大意是：在平坦地形上作战，一名骑兵抵得上八名步兵；在险峻地形上作战，一名骑兵抵得上四名步兵。攻击作战中，十名骑兵就可以击退百名步兵，百名骑兵可以击退千名步兵。虽然《六韬》里的兵力对比模型是建立在战国末年的，但是同等技术条件和战术水平下，骑兵远较步兵具有战斗效能是毋庸置疑的。因此，本质上，土木堡之战就是瓦剌方面集中优势的十三万瓦剌铁骑，向轻敌冒进然后错误分兵，最后仅剩十三万的明军步兵发动的，如泰山压顶般的合围歼灭战。从这个角度来说，明军输得不算冤。但这里又有一个问题，那就是瓦剌真的已经强大到能在一个战略方向上动员十万以上骑兵的地步了吗？

答案是肯定的。

瓦剌：从马前卒到边塞患

"瓦剌"为蒙古语"oira"的音译，汉语意为亲近者、邻近者。元代译为斡亦剌、斡亦剌惕、外剌、外剌歹、歪剌歹、偎剌。明代将"瓦剌"作为对卫拉特蒙古部的通称。清代译为卫拉特等。

其中，斡亦剌部为瓦剌的先民之一，历史可以追溯到唐代以前。和其他的游牧民族一样，瓦剌的先祖斡亦剌人也过着逐水草而居的生活，游牧范围很广。当时，东起黑龙江，西至额尔齐斯河，南抵楞格河，北至叶尼塞河上游的广大地区拥有大量森林资源，很多以游牧和渔猎为生的部落在那里繁衍生息。在很长的一段时间里，斡亦剌经常和其他部落为争夺草场和水源而发生战争。在战争和残酷的生存环境下，斡亦剌部落慢慢成熟起来。

斡亦剌部落在12世纪末期到13世纪初期，由原先较远的东部地区慢慢进入到叶尼塞河上游地区。此时，蒙古地区诸部战争频繁，斡亦剌部亦无法幸免，但是他们的战况却并不顺利。金朝承安五年（公元1200年），斡亦剌部被铁木真、王罕等部击败于贝尔湖，次年复败于海拉尔河，泰和四年（公元1204年）再败于纳忽山。

元太祖元年，孛儿只斤·铁木真被推举为全蒙古的可汗，即成吉思汗。次年，蒙古大军远征诸部，斡亦剌部投降并担任向导，带领蒙古大军平定了西边诸部。之后，斡亦剌部和铁木真建立了联姻关系，加强了蒙古部落内部的团结，巩固了蒙古地区的统治。在后来的日子里，斡亦剌部深

◎ 元太祖孛儿只斤·铁木真

受元朝皇室的信任。于是，有元一朝，斡亦剌部的声望达到了顶峰。

元末明初，名将猛哥帖木儿率领瓦剌各个部落不断侵略和吞并附近其他蒙古部及突厥语族部落，逐渐走向强盛。根据蒙古史料《蒙古黄金史纲》的记载，当时的瓦剌部族已有四万之众，势力强大。

随着明太祖朱元璋于公元1368年攻入元大都，元顺帝妥懽帖睦尔带领诸多蒙古贵族迁徙到漠北草原。此后，由于明帝国对故元残部的频频打击，北元政权分作三个部分，即鞑靼（东蒙古）、瓦剌（西蒙古）、兀良哈三卫。在明朝的有意分化和蒙古诸部复杂利害关系的影响下，瓦剌与鞑靼、兀良哈长期保持着时而征伐、时而联姻的关系。这个时候的瓦剌部分布于扎布汗河

（源于今蒙古国中部杭爱山）、科布多河（今蒙古国西部内陆河）流域以及额尔齐斯河、叶尼塞河上游一带。同时，在14世纪末至15世纪初，由于明朝数次出塞打击拥有蒙古可汗名位的鞑靼部，鞑靼部实力及权威性大为削弱，已无力对其他蒙古部族进行有效控制。一些蒙古部族首领也因未受到元明战争波及，最大限度地保存了实力。一些蒙古部族首领渐渐不再满足于目前的权势与地位。其中，瓦剌部乘机摆脱了蒙古可汗的束缚，同时征服了邻近诸小部落，并渐渐向鞑靼部传统的游牧区东南方向迁徙。可以说，瓦剌部此后的发展是成功的。洪武二十六年（公元1393年），蒙古部继续着频繁的大汗更替，这时候汗位落在了忽必烈系的额勒伯克汗手中，但是不久之后，瓦剌的克呼古特乌格齐哈什哈杀掉额勒伯克汗，蒙古之正统为卫喇特所篡夺，之前是北元属部的瓦剌正式脱离了北元的束缚，开始作为一个独立的政治力量活跃在历史舞台上。

明朝洪武时期的史料中对瓦剌着墨较少。明嘉靖朝撰写而成，主要记录洪武朝边疆民族状况的《殊域周咨录》中，鞑靼和兀良哈都有单独的记载，唯独瓦剌没有列传，而是与鞑靼合写，说明洪武时期瓦剌部和明朝的冲突并不大。明成祖永乐初年，明朝与瓦剌进入了短暂的"蜜月期"：永乐六年，瓦剌首领马哈木等派遣暖答失等来朝贡马，并请求得到明帝国的封号；第二年夏天，明成祖册封马哈木为特进金紫光禄大夫、顺宁王，太平为特进金紫光禄大夫、贤义王，把秃孛罗为特进金紫光禄大夫、安乐王，赐印诰；永乐八年春天，瓦剌再次贡马谢恩。从此之后瓦剌每年都会向明朝入贡一次。

要注意的是，瓦剌此时与明朝相互遣使，并不是因为和明朝关系要好，而是为了共同的敌人——蒙古的鞑靼部。永乐六年，鞑靼部鬼力赤因非黄金家族血脉，难以服众，被部下废黜，属于黄金家族的本雅失里成为可汗。此后鞑靼部在大汗本雅失里和太师阿鲁台的带领下，先后征服了兀良哈三卫、哈密和河西地区。哈密恰是东西交通的要道，东蒙古鞑靼控制哈密，瓦剌与明朝的贸易就受到了影响。明朝也正是看中了这一点，果断和瓦剌联合，对付共同的敌人鞑靼。不过俗话说，没有永远的敌人，也没有永远的朋友，只有永远的利益。鞑靼和瓦剌在长期的战争中，为了扩大自己的实力，也开始力图加强与明朝的联系。明朝为了分化鞑靼和瓦剌，当瓦剌强大时，就支持鞑靼，待鞑靼强大，就转而支持瓦剌，这就是明朝一贯的"分而治之"策略。

◎ 蒙古兀良哈人画像和鞑靼人画像

在明成祖册封瓦剌的第二个月，即永乐七年六月，鞑靼部首领本雅失里和阿鲁台率军入侵瓦剌，结果被瓦剌首领马哈木等击败，羊马辎重被缴，和林一带也被瓦剌占领。本雅失里、阿鲁台逃至克鲁伦河地区。由此战可以看出，当时瓦剌军的实力已经相当强大，可以和东蒙古一分高下。永乐八年，战败的阿鲁台拥科尔沁哈撒尔的后代阿岱台吉为汗。永乐九年，瓦剌首领马哈木拥阿里不哥系后裔答里巴为汗，答里巴与阿岱台吉并称东西两汗。由此蒙古再次进入分裂状态。

在东西蒙古割据的关键时期，鞑靼部做出了一个非常错误的战略决定。永和九年秋，鞑靼杀死明朝使臣郭骥，导致翌年明成祖亲率大军深入蒙古地区征伐鞑靼部，于斡难河（今鄂嫩河）畔大败本雅失里，旋即又向东于兴安岭击败阿鲁台。本雅失里奔赴和林，但是当时和林一带已为瓦剌所有，结果马哈木杀了本雅失里，并向明朝献出故元传国玺。此时的瓦剌已经展现出了一些野心，而且当时朱棣已感到了瓦剌的骄横，但是依然厚赐了瓦剌使臣。

在明朝和瓦剌的频频打击之下，鞑靼部渐渐不支，不久便遣使北京，请求和明朝共击瓦剌，并"愿率所部为前锋"。这个时候瓦剌在对鞑靼的战争中节节胜利，其势力范围渐向东移，对明朝的态度也渐渐由恭顺变为"表词悖慢"。而明帝国此时也认为"瓦剌骄矣"。于是明朝转而支持鞑靼部阿鲁台，封其为和宁王。永乐十一年，马哈木拥兵三万东渡饮马河。翌年，瓦剌游骑甚至到达明帝国边境兴和探察明帝国动静，这是一个非常危险的讯号。为了保持蒙古诸部的分裂现状，以免一家独大，同年三月，明成祖再次亲征，深入漠北远征瓦剌，瓦剌大败，被明军斩首数千级，十多个王子被杀。瓦剌残余部众败走，明军乘胜追击，此后瓦剌率军又战，明军再次大败瓦剌，然后一直追击瓦剌残部直到土剌河，生擒数十人，仅有马哈木、太平等脱身远遁。此战之后，马哈木自知无力抵抗明朝大军，在永乐十三年向明朝贡马谢罪。

明朝撤军以后，瓦剌发生内讧，答里巴、马哈木、乌格齐哈什哈相继死去，额色库继承汗位。鞑靼趁着瓦剌新败，结合兀良哈部攻破瓦剌，瓦剌无法抵挡鞑靼和兀良哈的攻击，再次求助于明朝。明成祖为了牵制鞑靼，于永乐十六年四月册封马哈木之子脱欢袭父爵为顺宁王。马哈木死后，瓦剌诸部一度主要由土尔扈特部贤义王太平和辉特部安乐王把秃孛罗统辖。在脱欢继承父亲爵位之时，虽然瓦剌部损失惨重，但是仍然能召集卫喇特、厄鲁特、巴噶图特、辉特四万户会盟。当时脱欢可能并无实权，瓦剌实际上由土尔扈特部的二人指挥。此后瓦剌向西南方发展，迫使东察合台汗国歪思汗迁都至亦力把里。

之后，由于鞑靼和明朝的关系再次破裂，明成祖分别于永乐二十年、二十一年、二十二年连续三次亲征鞑靼。鞑靼部损失巨大，脱欢自然不会放弃这个绝佳的机会。永乐二十一年夏，野心勃勃的脱欢在饮马河（今克鲁伦河）大败阿鲁台，掠其人口、马驼、牛羊殆尽，将鞑靼部打得溃散无所消灭东蒙古势力之后，脱欢越发不甘心屈居人下，他开始腾出手来解决瓦剌内部的权力分配问题。永乐二十二年十月，脱欢起兵征伐土尔扈特部贤义王太平，致使贤义王人马溃散，甚至有残部逃到了明朝的甘肃边境。慢慢地，在宣德年间，脱欢逐渐合并了太平、把秃孛罗部众，吸收了和硕特等加入联盟，土尔扈特部再也无力对抗脱欢，脱欢终于掌握了瓦剌的实权。

宣德六年春，脱欢率兵再次大败鞑靼首领阿岱汗和阿鲁台，穷困潦倒的鞑靼部甚至迁徙到辽东地区，以避锋芒。虽然鞑靼部的阿鲁台在军事上无力对抗瓦剌，但是在政治上却有绝对优势，毕竟此时阿鲁台拥立的阿岱汗拥有成吉思汗弟弟哈撒尔的黄金家族血统。瓦剌为弥补政治上的不足，于宣德七年拥戴比阿岱汗血统更高贵的脱脱不花为汗。在稳定内部后，脱脱不花于宣德九年（公元1434年）率众追至兀良哈。七月，瓦剌杀阿鲁台，鞑靼部众溃散，阿岱汗逃至陕西、甘肃一带。由此瓦剌暗地联络兀良哈和女真各部，袭扰明帝国边境。根据《明实录》记载，当时明帝国边境形势急转直下，领地在辽东、居庸关一代的兀良哈部居然率兵袭扰明朝边境直至山西、陕西地区，此时正好与瓦剌袭杀阿鲁台部的时间相吻合。山西、陕西地区是瓦剌的传统领地，若没有瓦剌的默许与支持，无法解释为何兀良哈部会出现在陕西。鞑靼此时在明朝与瓦剌的双重打击下已经逐渐没落。终于，在正统三年九月，脱欢派出的四万瓦剌勇士进攻鞑靼蒙古，阿岱汗被脱欢杀死。正如《蒙古黄金史纲》的说法"所谓卫喇特篡夺蒙古一国之政"，瓦剌势力终于占据漠北东部，统一了漠北。

消灭阿鲁台和阿岱汗以后，脱欢的野心达到顶峰。他一度想自立为汗，结果却突然暴毙。在蒙古史料中，脱欢的死颇具神话色彩。脱欢的母亲萨穆尔公主是额勒伯克汗的女儿，脱欢就自称是蒙古汗的外孙，想以黄金家族的血裔之名登上大汗宝座。他拜谒了供奉成吉思汗神灵的八室（祭祀成吉思汗的宫帐），表达了来取汗位的意图。脱欢喝醉之后，还狂妄地对着成吉

◎ 李氏朝鲜世宗李裪

思汗的神位说："你是威灵之身的八白室吗！我可是威灵后之裔脱欢！"然后撞倒了八室的金柱。当时在一旁的蒙古贵族慌忙劝说脱欢在此神圣之地不要如此狂悖，脱欢不听，再次狂妄地说道："我自己的性命，我自己可以掌握，何必需要敬畏神灵？而今蒙古国尽为我所有，我依照蒙古的制度，当取号为可汗。"结果刚祭拜结束，他就遭到了成吉思汗的神罚，口鼻冒血而死。虽然这段史料充满传奇色彩，不足取信，但是也给我们提供了非常宝贵的信息，那就是脱欢有自立为汗的野心。不过，刚刚降服的东蒙古贵族和脱欢的部众都不支持脱欢称汗的举动。瓦剌部名义上统一了蒙古，但是内部的矛盾已经初步显现出来，这也可能是脱欢暴死的真正原因。

至于瓦剌意欲称汗一事，明代史料中也有提及，大体和蒙古史料相吻合，而细节方面更加完善。史载瓦剌消灭阿鲁台以后，脱欢确实想要自立为可汗，然而在东蒙古部贵族极力劝阻以后并没有自己称汗，而是奉故元黄金家族的后裔脱脱不花为可汗，居于漠北。正统八年，野心勃勃的脱欢太师暴死，其子也先嗣位。不过，被脱欢消灭的鞑靼首领阿岱汗和脱欢同年相继而逝，这也算是一种黑色幽默吧。

◎ 巴尔喀什湖美景

前面也说过，在正统七年，脱脱不花曾经命令兀良哈使臣携带文书诏谕朝鲜进行威胁，朝鲜作为明朝的属国，严词拒绝了脱脱不花。不承想，五年以后，也先居然亲自率兵直达朝鲜国境线进行威逼！听了世宗的顾虑，大臣们这样回答："观其形势，兵少而专欲和亲。"这说明也先带领的本部人马并不多。不过这段对话从侧面告诉了我们，在征伐女真诸卫的短短数个月后，也先就敢以少量人马越过女真诸卫，直达朝鲜边境。这说明当时瓦剌已经完全控制了女真诸卫，女真诸卫要么归附，要么远遁。蒙古史料中也提到了也先率领东西蒙古军士偷袭三万女真，将其纳入自己统治之下的军事行动。

从正统初年到正统末年，瓦剌不断征服、吞并漠北的游牧民族势力。土木堡之战前夕，瓦剌的势力范围已经西达巴尔喀什湖东南，东抵女真诸部。其统治范围西起额尔齐斯河上游，北连安格拉河以南、叶尼塞河上游，东至克鲁伦河下游及呼伦贝尔草原一带。瓦剌主力在扎布汗、杭爱山和鄂尔浑河流域，并逐渐南移，其东是脱脱不花的领地（呼伦贝尔一带），其西是阿喇知院的驻牧所在。此时的瓦剌达到了蒙古自被驱逐出中原后的鼎盛时期，兵力雄厚，资源充足，具备了和明朝一争高下的资本。这也是瓦剌能够投入巨额兵力发动如此大规模入侵的原因所在。

随着瓦剌在也先手中迅速发展壮大，明帝国对瓦剌有限制的贸易和交往越来越无法满足瓦剌在经济、政治上的需求。此时的蒙古无论在哪个方面都足以和以往任何一个强大的北方游牧民族势力媲美。于是，在经济上，它寻求着更大的贸易范围；在政治上，它寻求地位上的平等。因此也先也不再以"朝贡部落"自称，而开始称自己为"北朝"，称明帝国为"南朝"。但是，我们有理由相信，也先在当时并无大举进犯明朝的意图，而是寻求与明帝国更多的经济接触。不过也先对经济的理解显然太片面，毕竟"不给就抢"是古代游牧民族习以为常的处事模式。面对这种处事模式，明帝国容忍了一段时间以后，再也无法忍耐。正统十二年，也先的使臣一方面在明朝"构衅生隙"，一方面谎报使臣人数，企图冒领赏品。而明朝政府查明之后，仅以实数给之，虚报的人数皆不给赏。也先所要求的财物，明朝按实际人数，只支给了五分之一，也先大怒，决定征伐明帝国，并开始了长期的准备。明帝国和瓦剌双方的对决正式开始了。

正统十四年，战火先自辽东起。辽东地区"广宁沿边屡报烟火"。女真此举明显受到了瓦剌的指使，因为在正统十三年秋天，瓦剌馈书女真，要求他们以成吉思汗的名义共击明帝国，女真卫所的首领多有畏惧也先势力者，已附于也先。于是，当年二月、三月，明帝国东北边境陷入了和女真诸部的战火之中。在这期间，明军屡屡告捷：正统十四年二月十六日，明军在开原卫杀退了来犯的女真，并一路追至鸦鹘嘴，擒获女真男子、妇女六十名，收缴大量牛马、弓箭等；二月二十四日，辽东总兵官曹义率领官兵出境击败女真部，斩首一级，生擒男子、妇女五十余名，缴获马八十七匹、牛二十七头、车七辆和大量军器；四月，大同左参将石亨等出境巡哨遭遇数百"鞑贼"，击败之，生擒四十六人，斩首四级，夺获马七十余匹、牛四头及弓刀衣甲。

此为明帝国与瓦剌交锋的第一阶段，明军获得了一定的胜利。但可以看出，这个时间段，瓦剌并不急于率领东西蒙古部南侵明帝国，而是先用女真、兀良哈部来试探明军的战力，自己做着相应的准备。

一切准备就绪后，正统十四年七月，明帝国与瓦剌交锋的第二阶段开始了。如前面所说，瓦剌"分道刻期入寇"，也先共发兵四路：第一路也先亲自率军入寇大同，至猫儿庄，明军右参将吴浩迎战，战死；第二路脱脱不花率军入辽东；第三路阿剌知院寇宣府，围赤城；"又别遣人寇甘州"，此为第四路。到此，也先彻底撕下了恭顺的面具，大战正式开始。历史的车轮缓缓向前，在东方，两个强大的军事体已经举起刀枪——为了本民族的荣光，他们将血战到底。

也先作为一代枭雄，军事计划十分缜密。蒙古骑兵往来如风，往往可以选择对己方最有利的作战地点展开决战。那么为什么也先最后会选择在土木堡和明军进行决战呢？土木堡位于今河北省张家口市怀来县境内，当时属于明帝国北方防线，也就是后来嘉靖时期九边之一的宣府东路。这个地方到底有什么重要战略意义，又有着怎样有利于瓦剌骑兵作战的因素？当时的宣府地区是一个什么样的状态，边防建设又是怎样的？

这一切都要从宣府地区的最初形态开始说起。

历经千年的宣府防线

◎ 杨继正

宣府，明帝国九边重镇之一。秦代为上谷郡，汉代之后或为县或为州，金辽为宣德、宣化州，元代更名为宣宁州，不久又更名为宣德府。宣府地势险要，崇山峻岭连绵不断，自古就号称险塞。不过，虽然宣府地区地势险要，但是宣府以南却是一马平川的平原。若宣府被突破，则南方地区就基本无险可守。保住宣府地区，就是保住了中央王朝的核心中原地区，其边防压力可见一斑。

在历史上，中原政权也一直认同"保燕则保中原"的军事政策。"汉唐以前，匈奴入寇，率由上郡雁门定襄，盖当时中国据全燕之地，有险可守，不敢由燕以入。""古者，未失燕蓟，有松亭关、古北口、居庸关为中原险要，隔绝匈奴……"可以说，守住宣府地区，即是保障了中原的安全，而宣府一旦失守，中原政权将毫无遮蔽地暴露在北方少数民族的铁蹄之下。其灭亡之期，何需胜言？因此，这里历来是阻止北方民族进军中原的战略要冲，历朝历代也都非常重视宣府的战略作用。

筑了四十四个县城。秦代修筑的长城起临洮，至辽东，延袤万余里。这就是享誉中外的万里长城。

秦长城的特点在于将战国时期秦国、赵国、燕国三国修筑的长城连为一体，修建成了一个统一的防御体系。秦长城具有里程碑式的意义，开创了筑墙设垒抵御北方民族入侵的军事策略，北方防区自此连成一片，秦帝国加强了对当地的统治力和军事威慑力。中原政权依托地形修筑长城，并且用新筑的县城防御体系增强长城防御体系的可靠性和持久性，大大提高了长城及其周边防御体系的防御能力。这种战略影响深远，收效较大，一直在左右着中原王朝的边疆筹划。两千年以后的明帝国，依然采纳了"秦国式"边疆防御体系。

秦立国二世后，各地诸侯反秦势力重新抬头，秦国为了镇压内乱，将北方长城的戍边者全部内撤，匈奴乘势崛起。同时，陷入分裂的中原政权为了争夺最高统治权而厮杀不休。最终，刘邦在垓下之围灭杀西楚霸王项羽，中国再次统一，是为汉王

历经千年的宣府防线

公元前 221 年，秦始皇统一中国。对秦帝国来说，最大的威胁莫过于北方的"夷狄"。于是，秦国开始大规模修筑长城。秦始皇派遣将军蒙恬北击匈奴，匈奴单于头曼不敌，向漠北迁徙。于是秦国收复河南地（今内蒙古鄂尔多斯市一带），并修筑防御工事。此时为秦始皇三十三年，即公元前 214 年。史载，秦国以阴山为塞，修

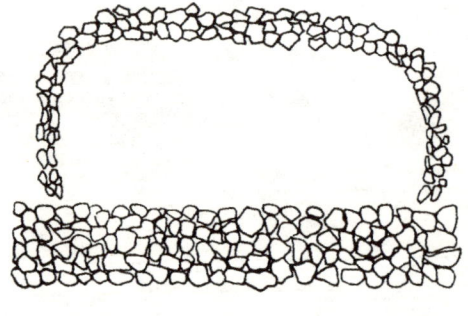

◎ 内蒙古卓资县赵国北长城障址平面图

历经千年的宣府防线

◎ 临洮秦长城遗迹

◎ 临洮秦长城烽燧遗迹

朝。此时,北方的边防情况已经相当糟糕。由于刘项二人竞争不休,无暇顾及匈奴,匈奴试探性地渡过黄河,之后袭灭东胡,驱逐月氏人,吞并楼烦、白羊等部族,收复秦代的失地,实力空前强大,并开始大举南下。

面对这种形势,汉高祖二年,刘邦派遣将领分别修筑沿边要塞。这是汉帝国经略宣府地区的开始。但是这些准备对于当时的北方来说无异于杯水车薪。因为北方少数民族中总是不缺乏枭雄领袖。

当时汉帝国面对的枭雄领袖就是冒顿单于。当年蒙恬率大军北击匈奴,匈奴单于头曼无力抵抗而北徙。十余年后,头曼单于的儿子冒顿杀死自己的父亲,自立为汗。冒顿单于是一位智勇双全、狠辣决断的君主。冒顿初立时,东胡非常强盛,屡屡对匈奴提出不合理的要求。匈奴各级首领皆怒不可遏,唯独冒顿单于对东胡的条件一一应允,让东胡慢慢对匈奴放下了戒心。后来,东胡开始进入双方中间的"弃地",并且认为当时的匈奴并没有能力争夺此地。其实当时匈奴的各级首领对此也抱着模棱两可的态度。没想到,一贯对东胡的苛刻条件妥协的冒顿单于在此时勃然大怒,将提议应该予地给东胡的大臣全部斩首,然后趁东胡还并未准备,大破东胡,将其彻底征服。之后就是前面所说的,匈奴接连灭掉了月氏、楼烦、白羊,然后继续南下,秦国蒙恬所开拓的北方疆土亦全部沦陷。后来,冒顿单于又征服了北方的浑庾、屈射、丁零、鬲昆、薪犁各部族。

当汉帝国开始试图恢复北方边防形势时,匈奴立刻围攻了马邑。当时驻守在马邑的守将是汉初分封的七个异姓王之一韩王信。韩王封地的地理位置十分险要,北接巩、洛,南接宛、叶,东有淮阳,都是天下士兵的精锐所在,于是刘邦命令韩王信封地于太原以北,防御北方的胡寇,王都定在晋阳。在冒顿的围攻下,韩王无力反抗,只能数次派遣使者到冒顿营中求和。这时,汉军也收到了马邑被围的消息,派兵救援。由于韩王信的使者频繁地来往于冒顿营中,加上在此之前,韩王信就曾投降过项羽,因此刘邦怀疑韩王信存有二心,便遣使责备韩王信。韩王信由于害怕刘邦怪罪而最终开城投降,与匈奴合流,合兵攻汉,直至晋阳城下。汉高祖刘邦只得亲自发兵。可当时正值寒冬,汉军后勤情况非常恶劣,有十分之二三的军士被冻掉了手指。在这种情况下,快速解决战斗成为当时汉军的首选战略。结果刘邦对匈奴的战斗力和战场形势做出了错误的判断,率先锋轻骑冒进,正中匈奴的圈套,被冒顿单于的匈奴主力合围于白登山。从某些方面来看,白登之围与土木堡之变有很多相似之处,甚至前者可以算作后者两千年前的预演。不过久经战阵的刘邦自然不是年轻的朱祁镇可相比的,最后刘邦运用奇谋和军略成功脱险。

然而,白登山之战仍对汉代初年的边防造成了非常消极的影响。此战之后,汉帝国的大批将领,如赵利、王黄还有燕王卢绾等相继造反,并充当匈奴先锋侵入上谷、代等地。在这种强大的军事压力下,汉帝国对匈奴的政策也由讨伐变为以和亲为主。但是和亲政策并不能根治匈奴寇边的问题。在文帝时期,匈奴入犯汉朝边境的问题十分突出,因此在和亲政策收效不明显的情况下,汉帝国开始重新审视北方边防的重要性。汉文帝采纳了晁错的建议,招募人民充实塞内的险要之地,建立城邑。这是汉代大规模修建宣府地区防御工事的开始。

汉武帝时期,汉朝对匈奴的战略发生了很大变化,以战争为主。汉朝进入了战略反击阶段。在这个时间段里,汉匈两方名将屡出,双方互有胜负,最终,汉帝国在主动出击匈奴的过程中逐渐掌握了主动权,重新收复了河南地区。不过,匈奴对南方仍然侵扰不断,而主要的侵扰地点为位于现在北京市密云县西南的渔阳以及位于现在山西代县的雁门。因此,为改善边防条件,汉元朔二年,汉武帝命令卫青修缮蒙恬所筑北方要塞。这是汉代对宣府地区的最后一次大规模经略,之后便主要是进一步完善该地区的防御体系。如东汉光武帝建武十二年,骠骑大将军杜茂兴与上谷太守王霸在现在的河北省张家口市蔚县

◎ 西汉开国皇帝汉高祖刘邦

◎ 汉武帝刘彻画像

◎ 敦煌汉长城遗迹

附近修建了飞狐道，并修筑亭燧及烽燧，也就是修建了相当于明代营堡墩台的边防堡垒。

汉代最后一次较大规模地修筑边塞是在汉安帝时期。当时鲜卑多次入寇南犯，汉安帝采纳建议，修复朔方障塞。此后直到灭亡，汉朝再无大规模修复边塞的记载。

汉亡以后，晋朝迫于北方的军事压力，屡屡兴修北方防御工事，但是规模和秦汉相比略为逊色，主要是对秦汉长城及边塞的修缮以及再完善。如晋武帝时，监幽州诸军事的护乌桓校尉唐彬重修自温城至碣石县亘山谷长达三千多里的秦代长城及城塞，并分兵屯守，烽堠相望。

待到北魏时期，北方少数民族鲜卑人占据中原，但也受到了当时北方最强盛的游牧民族"蠕蠕"即柔然的挑战。"蠕蠕"是鲜卑人对柔然的蔑称，意即像虫子一样无知渺小的民族。但讽刺的是，柔然后来成了北魏的心腹大患，带给了边疆地区无尽的噩梦。

柔然部落原先隶属于北魏的前身——代国。当时，柔然部帅地粟袁死亡，柔然分作两个部分，地粟袁的长子匹候跋居东边，次子缊纥提别居西边。代国昭成皇帝死后（公元 377 年）不久，前秦军队再次发兵至云中，代国灭亡。缊纥提部背叛代国，改投当时匈奴支系铁弗部的首领刘卫辰。当时，前秦国力强盛，已先后灭掉了前燕、仇池氐杨氏、西南诸夷及前凉。前秦统一北方后，大有气吞猛虎，一统全国的架势。

公元 383 年，野心急剧膨胀的前秦举兵八十万，进攻东晋。因为错误的战略部署，前秦在与东晋的淝水之战中，前锋被兵力仅七万的东晋军队打败，苻坚仓皇北逃，前秦军事实力大大减弱。前秦国内大乱，迫于武力而归附前秦的部族纷纷反抗，昭成皇帝拓跋什翼犍的嫡孙拓跋珪也因得到贺兰部的支持，于公元 386 年元月即位称代王，年号登国，同年四月改称魏王，建立北魏。登国六年（公元 391 年），北魏发兵讨伐柔然部，柔然部力不能敌，率部遁走，北魏军一路追赶至大碛南床山下，大破其众。匹候跋及部帅屋击各收余落遁走，道武帝派遣长孙嵩和长孙肥追击，大破之，并将两人斩首。另一边的缊纥提也是仓皇西遁，被道武帝追至跋那山，缊纥提投降，道武帝"抚慰如旧"。

北魏与柔然的第一次军事接触以北魏的大胜结束。但是好景不长，迁徙到北方的柔然残部首领社仑自称豆伐可汗，并建立了成建制的军队，军事力量十分强大。

◎ 北魏道武帝拓跋珪

历经千年的宣府防线

○ 柔然骑兵

这个被北魏瞧不起的"蠕蠕",甚至在太武帝始光元年(公元424年)包围住了前来讨伐的皇帝亲征军队。当时的战况十分惨烈,蠕蠕骑兵的兵锋直逼皇帝所骑的马匹,士卒大惧。到始光四年,柔然更是再逼云中,直接威胁京师平城。这么看来,中原王朝遭遇北方少数民族的威逼,在历史上并不鲜见。

为了防御柔然的南侵,北魏曾先后三次大修长城。

第一次是明元帝泰常八年(公元423年),因为柔然屡犯北魏塞,北魏修筑起了自长川之南,起赤城,西至五原,延袤两千里的边墙,并派遣军士筑城戍边。此次工程量较为浩大。经现代学者李建丽先生考证,现存在河北地区的北魏长城总长393公里,其东端起点位于张家口市赤城县东南的四十里长蹉南段,向北经白草安梁、被高山至青虎沟村东北,转东北方向至骆驼砦,此后沿用原汉长城向南进入崇礼县,从宣化向西进入张家口市区,向北抵万全、张北;又转向西沿用原秦汉长城

旧址,在怀安县桃沟村西入内蒙古兴和县。此北魏长城大部分墙段日后被明长城修缮利用,而未被利用的地方坍塌严重,大部分高不足一米,呈土垄、石堆状。

北魏献文帝时期,征南将军刁雍提出了修筑长城及边塞的"五利":"罢游防之苦,其利一也;北部放牧,无抄掠之患,其利二也;登城观敌,以逸待劳,其利三也;省境防之虞,息无时之备,其利四也;岁常游运,永得不匮,其利五也。"献文帝采纳其建议,收到了良好的效果。也就是说,修筑长城是非常有性价比的。

第二次是太武帝太平真君七年(公元446年),北魏因柔然犯塞,再起长城及沿边城塞。这次修筑,一共动员了司、幽、定、冀四州的十万人,长城起上谷,西至于河,广袤千里。修建的地点主要是河北,并沿用了大段原燕北长城。

此次修建之后,在长期与柔然的战争中,北魏逐渐意识到单靠土墙是无法有效、长久地防御柔然的,必须要建成一个坚实可靠的长城防御体系,以形成一个弹性大、可持续性好、可恢复性强的防御链条。于是,在北魏正始元年(公元504年),源怀上书请筑边堡,这就是北魏的第三次大规模修建长城。

长城的修筑,成了北魏的战略重心由塞北转向中原,对北方主要采取守势的转折点。

总之,从北魏修筑长城防御体系的经验来看,长城作为单一的防线,无法长久地阻挡北方少数民族的骚扰和南侵。因此长城必须依托于军镇,构成统一的防御体

系，才能充分发挥作用。

此后，隋、唐、金都修建、完善过长城防御体系，不过规模已和汉唐及北魏时期相去甚远。

时间进入到元朝，历代中原王朝所重视的北方防线建设进入了长时间的沉寂期。整个元代基本没有在北方大规模修筑军事设施，原有的军事堡垒也少有维护，甚至渐渐颓圮、消失。所以，元末明初，潜在威胁的消失，防御思想的改变，使北方防线上的军事堡垒基本丧失了原有功能，到了明末，一切从零开始。

从零开始的明初宣府防务

元至正十一年四月，由于气候原因，黄河决口。元顺帝下诏开凿黄河故道，征发汴梁等地百姓十五万、庐州等戍十八翼军二万，修建新河堤八百五十多里，动用石料两千船。在工作强度巨大的徭役压迫下，"石人一只眼，挑动黄河天下反"，轰轰烈烈的反元起义迅速燃遍了整个中国大地，明太祖朱元璋乘势而起。十七年后，明军至通州攻占元朝都城元大都，元顺帝与三宫后妃、太子等逃往开平。自此，元朝结束了在中国九十七年的统治，政权退居北方，史称"北元"。

虽然明帝国驱逐了元朝在大都的政权，但是避居开平的北元残余势力依然强大。心有不甘的北元政权不久就进行了疯狂的反扑。元帝命令扩廓帖木儿发兵燕京，扩廓帖木儿出雁门，欲寇保安和居庸地区。洪武二年春正月，参将傅有德大败故元脱列伯于宣德。在北元持续、强大的军事压力下，一向强势的朱元璋在洪武二年下诏命令吏民内迁至紫荆关内。之后，朱元璋又派遣傅有德、刘真等将领审视宣府要害，划定疆域。这便是九边重镇宣府的雏形。

朱元璋为何要将宣府以北的百姓"尽徙关内"？其实此举也是朱元璋迫不得已的决定。从唐末开始，少数民族政权逐渐进入中国北方地区，到明朝初年，中国北方地区已经被北方民族统治了三百年之久，在这种情况下，北方遍地"胡风"，当地百姓对新兴明帝国所高呼的"驱逐胡虏"的口号是否认同，还是值得商榷的。再者，当时明帝国北方防线军事设施空虚，无力对战事做到有效的预警和防御。一旦有警，没有坚固工事保护的百姓很容易遭到北元势力的掳掠和杀戮。同时，明帝国在建国之初，也迫切地希望发展国内生产力，首要任务之一就是建立一个较为稳定的边防。从以上几点分析来看，明帝国迁徙民众，建立都司，划定疆界，最终设立著名的"九边"防御体系，也就是可以理解的了。

◎ 明朝开国皇帝朱元璋

在明初，甚至在接

近明中期之时,并没有"九边"这一说法。根据《明史》一书中的记载,"九边"这一说法最早出现在正德元年孙磐的奏疏中。但是根据《明实录》,孙磐的奏疏中"九边"当为"各边",因此应该是《明史》的误记。不过从孙磐的话中我们也可发现,当时的明人已对北方军镇体系有了一定程度的规划。到正德十六年五月,也就是明嘉靖帝朱厚熜即位之初,"九边"一词才正式出现在官方的记载之中。具体来说,明帝国的"九边",是明帝国为防御北方蒙古铁骑而修建起来的庞大军事工事,东起鸭绿江,西抵嘉峪,绵延上万里,九边各镇分地防守。明开国之初只有四镇,即辽东、宣府、大同、延绥,后来又相继设立宁夏、甘肃、蓟州三镇,而太原总兵治偏头,三边制府驻固原,亦称为"二镇",是为"九边"。

不过,"九边重镇自明初始"这种传统说法是对于九边定位和理解的一个惯性误区。嘉靖之后,"九边"逐渐演变为北方长城及周边防御体系的总称。所以,明代的"九边重镇",是经历了一百余年的经略才发展而来的。

宣府镇虽然距离京师仅四百余里,但在明初,其防御体系的发展也是非常缓慢和曲折的。

明太祖洪武二年春,傅有德攻占元朝的宣德府,即明朝的宣府镇城。当时明帝国和故元的战争依然十分激烈,但是北方地区经过数十年的沉寂以后,并没有可以作为依托抵抗元军的防御工事,所以,洪武三年,淮安侯华云龙上疏请修北方防御工事。华云龙认为,北方沿边诸关口,东自永平、蓟州、密县,西至五灰岭二千二百余里的边界,可通人马的隘道有一百二十多处,其中官坐岭、王平、紫荆口、芦花寨四地尤为要害,必须凭靠天险,设兵驻守。

华云龙的这份奏疏被认为是明代经略北方要塞的开始。

我们仔细研究一下便可发现,华云龙所提到的需要设险的要塞,均在偏内地的位置:五灰岭(即今五回岭)、官坐岭、紫荆口,均在今河北省保定市易县附近;王平,即今北京市门头沟区的王平村,亦离当时刚刚攻克不久的宣德府有相当长的距离。而早在洪武元年八月,朱元璋为了守御北平,就已派遣大将军徐达设置燕山六卫。后来,明于洪武二年八月置

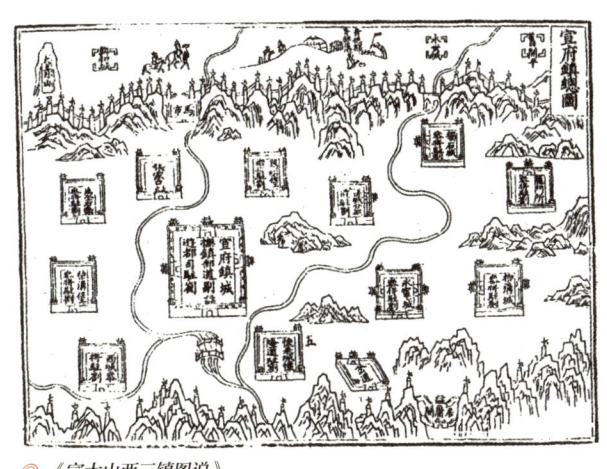

◎《宣大山西三镇图说》

◎ 《王琼事迹图》中所绘明代官衙情景

燕山前后二卫;洪武三年正月,设通州指挥使司,置蔚州卫指挥使司;三年正月丁巳,置大同左右二卫;三年三月,又于燕山诸卫屯田。

那么,为什么当时明帝国在大同、燕山各地皆设卫镇守,而唯独宣德府没有任何设卫的记载呢?

应该说,这样的部署,和当时的军事形势是分不开的。

如前面所说,洪武元年闰七月,大将军徐达克通州。八月,徐达自通州出兵,进取元朝京师大都。元主及其后妃、太子开健德门逃遁。明军填壕登城,自齐化门而入,攻陷元大都,夺获两枚玉印和一枚成宗王玺,并封锁其府库及图籍、宝物等。徐达又封故宫殿门,命令指挥张焕以千人防守,并巡逻古北口。九月,大将军徐达

再次派遣副将军常遇春及傅有德发兵北平,取未下州郡,尽克全燕地区。在这前后,燕京新定,立足未稳,元的残余势力随时都有可能反扑。朱元璋在燕京地区设置燕京六卫,是当时形势的必然结果。历史证明朱元璋的考虑是正确的。而明帝国虽然设置了燕京六卫,但要防御偌大的故元京师及京畿地区,兵力却是远远不够的。

前面已说过,故元残余势力在洪武元年经常入侵犯边。洪武二年二月,故元丞相也速又率大军入侵通州,通州守军在当时不满千人,虽然最后平掌曹良臣用奇计击退了元兵,但是明帝国经过此役也意识到了燕地军事力量的薄弱。二年六月,常遇春攻克开平,元主再次北遁。经过此役,蓟北平定下来。之后,明帝国终于有了充分的时间来加强自己在故元京畿地区的军

事力量。因此,明帝国才在常遇春攻克开平的同月,增加了燕山前后二卫,更在洪武三年的正月,在通州设立了通州指挥使司,用以加强通州及京畿地区的军事力量。

大同的卫所设置和通州相仿。当时,明军在山西和陕西战场上势如破竹,一路高歌猛进。而洪武二年八月,元主北逃至盖里泊,命令脱列伯、孔兴以重兵进攻大同,被明将李文忠打败。接连大败的故元政权终于明白自己已经无力对抗新兴的大明政权,打消了恢复基业的意图。洪武三年正月,明军在大同设置大同左右卫。

可以看出,明军在大同、通州等地区设置军事单位的原因是相同的。即该地曾遭到过大规模的入侵,但暂时不会有相同规模的入侵,同时有足够的时间和空间作为战略缓冲。

而明军攻克宣德府(即后来的宣府)一事,《明太祖实录》中竟没有记载,仅《殊域周咨录》中将此事一笔带过,对戍守的描述也只有"国初惟遣将卒番守"这一句话。这些均指向一个事实——在明初,宣府根本就不是一个"要地",其战略意义甚至低到攻克以后实录不载的程度。其中原因有以下两点:

第一,宣府并未处于元明军事冲突的中心。按照当时的情况,明军和元军的主要争夺地区在陕西、山西与燕京一带。当时陕西全境仍掌握在元军手中,辽东地区也仍然是元军的天下。那么,明军当时的

◎《王琼事迹图》中所绘明代官兵形象

军事重心便是陕西地区和燕京地区。而且事实也证明宣府在当时并没有发生过大规模军事冲突，没有设置卫所的必要，城内守军可以基本满足军事需要。这在洪武初期并无元军大规模攻掠宣府的记载中可以看出。

第二，宣府并非当时北方要塞防御重点区。按照洪武三年淮安侯的奏疏来看，洪武初期北方最初的防御线是大同—紫荆—居庸—燕山。而紫荆口距离当时的宣府尚有上百里的距离。唯一可以解释的原因就是：宣府地区当时无险可守。这一点也可以从朱元璋内徙居民的政策中得到印证："以元主虽奔，遗孽数出没，且斥堠未立，保聚为难故也。"也就是说，当时宣府以北的地区是没有烽堠的。明初的宣府地区，基本是无城池、无烽燧、无守军的"不设防状态"。

从以上两点来看，在明初虽无敌人大规模侵入但是零散侵犯频繁出现的情况下，一个毫无屏障、并不在防线规划范围内、元明双方都不重视的城池，实在没有资格被后世誉为"皇明锁钥"。

不过，就如前文提到的那样，明代以前，宣府一直是北方重镇。所以虽然明太祖朱元璋在"斥堠未立，保聚为难故"的情况下不得不内徙居民，收缩防线，将北方防御线划至靠近内地的紫荆口地区，但是明朝并没有放弃北方地区。在内徙宣府居民以后，明朝便开始腾出手来完善北方防御体系。

洪武二年以后，故元在西北、东部战场相继失利。先是元兵攻大同、通州未果，洪武三年故元将领王保保（即扩廓帖木儿）围明帝国兰州府之战更成了故元势力对明帝国边境城池最后一次有威胁性的进攻。当时兰州指挥张温固守城池以待援兵，王保保进攻不利，又害怕明军的援军到来，最终败退而去。

此战后不久，明朝再次发兵，意图消灭故元残部。李文忠自开平进兵，攻陷应昌，俘虏了元主之孙买的里八刺和故元官属。洪武四年二月，淮安侯华云龙大破驴儿，攻取开平诸寨，故元残部辽阳行省大震。同月，故元辽阳行省平章刘益遣使奉上辽东州郡地图和军马钱粮，正式归降明朝，此时西路明军亦一路高歌猛进，克取陕西，至此中国全境大局已定。故元兵曾在洪武六年四月寇武朔，但随即被明军陈德、郭子兴击败，不久徐达再次大破故元将王保保于怀柔，故元兵远遁漠北，再无能力对明帝国边境进行大规模入犯。故元军事力量强大的势力要么被明军消灭，要么望风归附明朝，随着洪武二十年故元将领纳哈出的投降以及洪武二十一年蓝玉指挥的捕鱼儿海大捷，故元势力彻底瓦解，再无能力组织大规模兵团作战。频繁迁徙的故元政权，其首领也是频繁地变换，自脱古思帖木儿以后，在很短的时间内出现了五个最高首领，而且都不曾善终，以至于蒙古诸部都不知道"帝号"为何。不久之后，鬼力赤篡立，自称可汗，去大元国号，自称鞑靼部，随风飘摇的北元政权灭亡，蒙古的鞑靼时代来临。

洪武四年以后，明朝和故元之间的冲突变少。除蓝玉远征土剌河击败王保保的战役外，明军对北方战事趋于保守，故元也没有实力进行反击。同样，在洪武三年至洪武二十一年这个时间段中，鲜有宣府地区被侵扰的记载，可见宣府地区的边防形势是趋于好转和稳定的。

作为现代人，在很多时候，我们都是以"上帝视角"去看待历史问题的。但如果我们站在古人的角度上，从当时明初的大环境来看，就会明白：在已经初步划定北方防御地段（紫荆口一线）的情况下，在长期没有敌人侵扰的宣府地区部署重兵、修筑雄城是一种不现实的做法，毕竟它并不在元明冲突的焦点上。

由于并非是战争的焦点地区，宣府镇的发展依然十分缓慢。在该地实行的屯田制度成为其日后兴起的基础。当时的情况是：虽然暂时故元兵已无法对明朝边境城池造成较大威胁，但是明朝边境力量不足、军事单位设置不完善始终是一个问题。洪武中期，很多跟随朱元璋南征北战的将领故去，朱元璋必须要考虑明朝未来的军事走向和军事部署。针对这个情况，在洪武十八年，大学士宋纳上守边策，认为如今最急迫的问题之一便是如何保证庞大军队的吃饭问题，他建议朱元璋仿照前代，创立屯田制度。各个驻扎的军队以所驻范围东西五百里为界开展屯田，让军队自给自足的同时又能安心操练，遇敌则战，寇去则耕。史载，朱元璋马上采纳了宋纳的建议，并很快开始实施。可以说，宋纳针对当时元明的形势，尖锐、精辟地分析出了当时的态势和明军今后的路线。虽然当时边境基本保持稳定的状态，但是明朝也无法保证今后的战守形势。既然明帝国无法保证

未来明军的战斗力能媲美明初的虎狼之师，更无力全歼故元残部，那么明军要做的只能是积极备战，时刻准备反击，以及做好自卫工作。可是明初全国军队数量达到了二百万左右，如果军饷全部出自民间，无疑会造成巨大的负担。所以屯田制度应运而生。屯田制被明帝国定为国策，在全国迅速实施开来。

鞑靼崛起与宣府防御的力不从心

宋纳的建言可以说非常有预见性。洪武二十五年春，安庆侯仇政、西凉侯濮玙前往宣府整理武备，而其巡查的结果是，因为敌人在明初元明激烈交战后势力大大减弱，沿边诸州整体处于较为和平的状态，所以武备渐弛。深感担忧的朱元璋分遣重臣治理边务，力图扭转军力下降的局面。

之后明朝派遣仇政整理振武和朔州；派遣濮玙整理岢岚和蔚州；派都督刘真、指挥使李彬整理宣府，修筑障塞，历经宣德、舆和、云州、大舆、保安、龙庆、怀来等处，度量城隍，增设险隘。

拥有侯爵封号的仇政管理的振武和朔州位于大同附近；同样拥有侯爵封号的濮玙管理的岢岚位于晋西北地区，蔚州更是位于靠近紫荆口的腹地。可见当时明军的主要设防地区还是山西西北部。同时，洪武三年设置的紫荆口防线有了较大发展，向前拓至蔚州地区，说明明朝北边的军事形势有了较大的改善。另外，从宣德与舆和、云州、大舆、保安、龙庆、怀来等处并

列布置可以看出，尽管以上诸地后来被划入宣府镇管辖范围，但当时的宣德府并没有成为九边地区宣府镇的中心区域。当时的宣德府和其他城镇并无太大区别。不过明朝已经开始注意到宣府的重要性，也为后来的经略奠定了一定基础。

总体上，宣德府地区的军事设施发展依然比较缓慢。洪武二十六年二月，明太祖为了加强大同地区的防御，先后设立了大同后卫及东胜左右卫、阳和卫、天城卫、怀安卫、万全左右卫、宣府左右卫于大同之东。我们可以看出，明朝把大同当成北方防线的重镇，所有的卫所设置都离不开大同府的周围。也就是说，当时的宣府卫所，只是大同防御体系的一个衍生品，并不是单独的镇城设置。宣府作为一个附属品，建立了最初的防御力量，标志着其成为未来北方重要防御链一环的开始。

其实洪武二十六年前后也是决定明帝国后来边防走向的时期。在此之前，明帝国对内方针是发展经济和农业，完善政府设施，镇压国内反对势力，巩固明朝的内部权力，为明朝的发展打下基础；对外则是刚柔并施，厚待元宗室以及"归化"的蒙古人，毫不留情地打击不断骚扰明帝国边境的蒙古游骑。洪武二十六年，朱元璋意识到明朝根本没有办法完全消灭蒙古，自己开始力不从心，明初的骁将也大多都已不在人世。在这种双方僵持的情况下，经过之前对边境初步的修筑、规划和卫所的基本部署，朱元璋终于定下了以修建边防要塞、维持边境稳定为主的保守战略。

另外要说明的一点是，虽然宣府是以大同镇的衍生品身份诞生的，但是有了洪武二十五年的经略，宣府已经初步奠定了其仅次于大同的战略地位。当时的军事布局依然以大同为中心，但是明军在规划大同以东防线的时候俨然已准备将宣府作为东面的中心来经略了。这从当时宣府的军事部署就可以看出：洪武二十六年，明朝设置宣府前左右卫于宣德府，万全左右卫于宣德县，怀安卫于怀安县。

朱元璋内徙宣德府居民以后，宣德府地区"遂为旷墟"。这种情况到洪武二十六年依然较为严峻，以至于设置卫所时民户不足，需要迁徙山西的居民来充实这一地区。说宣府地区是"移民来的重镇"也不无道理。同时也可以看出，在洪武二十五年的经营下，宣德府的军事力量已经得到初步加强。朱元璋注意到这块地区防御能力的不足，不惜以迁徙居民来达到设置卫所的目的。宣德府的"副中心"地位初步确立起来。

不过，既然宣府"遂为旷墟"，那洪武二十七年明太祖发北平军士筑宣府城是怎么重筑的呢？

答案是用土。根据《宣大山西三镇图说》记载，宣府城土筑于洪武二十七年。换句话说，在洪武二十七年以前，宣府城甚至连像样的土筑城墙都没有——它所能发挥的防御作用可想而知。

总之，经过了前期有计划的准备，宣府地区的军事设施和人员安排已基本完备。洪武二十六年十二月末，为了保证边境的稳定，明太祖正式册封其第十九子谷王朱橞于宣德府，筑王府。当时宣德府尚为土

历经千年的宣府防线

城,且过于狭小,甚至连谷王府都无法容纳,可见宣府虽然已经设卫驻守,但是城防能力和城市空间还是非常不足。针对这种情况,谷王朱橞上疏奏请拓城。于是,宣德府本城迎来了第一次大规模修筑。修筑完成后,宣府规模颇为可观,镇城周长超过二十四里(明代一里约为 536 米,宣府镇城墙周长超过 12864 米),南边外围又修筑有周长四里的南关,城墙高度达到二丈四尺(约 7 米余)。宣府城开设七门,并建城楼、角楼各四座。从此宣府镇城正式登上历史舞台。

虽然宣德府是一个较为"年轻"的镇城,但是我们也可以看出明帝国开始逐渐重视宣府镇城在战时发挥的作用。宣府通过藩王戍守,脱离了大同防御体系,作为一个单独的防御体系确立下来。同时,明朝的最北防线再次由蔚州前推至百里外的宣府。然而,此时的宣德府仅仅是一个单一的军事城镇,并不管辖周边地区的防御,发挥的作用依然非常有限。

真正开始改变宣府地位的是明成祖朱棣的崛起。建文四年(公元 1402 年),奉命率兵守卫京师的谷王打开金川门,开门向举兵"靖难"的燕王投降。南京陷落后,建文帝不知所踪,燕王朱棣即位。朱棣念及谷王开门有功,册封谷王朱橞驻长沙,结果朱橞野心逐渐膨胀,私造兵船弓弩,最终在明成祖永乐十五年(公元 1417 年)被废为庶人。

谷王朱橞改封长沙,最终被废,让宣府城又重新成为一个普通的镇城。后来随着明成祖迁都北京,宣府地理位置的重要性逐渐突出。宣府镇到京师北京距离不到四百里,名臣于谦也认为永宁、怀来、宣府等地直抵大同,都是护卫京师的重要藩篱,在这几个地方增兵积粮,选将固守,则京师可安。因此永乐年间是明朝对军事

◎ **宣府城门**(现代复原)

单位体系的一个完善期,虽然其兵额没有太大调整,但城防方面却有较大改善。

也是在永乐年间,蒙古鞑靼部势力开始抬头。之前建文四年,鬼力赤取消北元国号,恢复了鞑靼旧名。不过鬼力赤因为并非元朝宗室,在永乐三年遭到了部下的叛杀。阿鲁台自为太师,率领鞑靼部,迎立故元宗室本雅失里。瓦剌部不服鞑靼部,双方相互征伐,数度往来于塞下。永乐皇帝即位以后虽然数次遣使修好,但是效果不甚明显。永乐七年,明成祖派遣给事中郭骥前往鞑靼部"通好",然而郭骥却被自大的本雅失里杀死,明成祖大怒。

在鞑靼部势力重新抬头、数次来往塞下,明成祖萌发北伐想法,战争一触即发的情况下,朱棣为了填补北方防御线的空白,开始着手准备进一步改善宣大一线的边防体系。在郭骥被杀的同年,明成祖以章安为镇守总兵官,佩镇朔将军印,此为宣府称镇的标志;同年,明帝国以江阴侯吴高为镇守大同总兵,佩征西前将军印,此为大同称镇的标志。十几年前还只是大同防御体系衍生品的宣府,在不长的时间里,居然先于大同设镇城,驻守总兵官,说明永乐朝廷对宣府的战略地位有了更进一步的认识。当然这也和当时鞑靼的迁徙是分不开的。永乐七年,丘福北伐,率先锋冒进,结果被鞑靼合围消灭。其覆灭的地点就在胪朐河(今克鲁伦河)。说明在永乐初年,鞑靼的势力已经渐渐东移。而宣府一带的防御力量,虽然在增强建设,但面对鞑靼的威胁已经力不从心了。

鞑靼的东移侵犯和当时兀良哈三卫的支持不无关系。兀良哈三卫原为故元宗室,辽王阿里失礼率部众于洪武二十二年归顺明朝,于是明太祖于大宁北境设立三卫以为安抚。兀良哈三卫所处的地理位置非常险要,可以说它是戍卫明朝北方边境的前

◎ 明成祖朱棣

哨。朱元璋原以为辽王阿里失礼会和其他投降的故元势力一样融入明帝国，最后世代为明帝国戍守藩篱。但他的想法却是一个巨大的错误，这一错误最终导致了明帝国近三百年的边患纷扰。

兀良哈三卫刚开始是朱元璋第十六子宁王朱权的领地。朱棣靖难起兵时曾裹挟宁王及兀良哈三卫南下夺取政权。靖难成功以后，宁王改封南昌。和曾经的宣府一样，明成祖以既无王府，又无守将为由，内徙大宁卫，三卫遂废。但是，兀良哈对明帝国的反叛绝对不是在明成祖废大宁卫之后，而是在洪武年间或建文年间便已发生。永乐元年明成祖在给兀良哈的一份敕谕中提到，明太祖时期设立的兀良哈三卫，长期臣属明帝国之后，纷纷叛逃，在明成祖靖难成功之后才再次遣人来朝入贡。但是到了永乐朝，形势并没有好转，兀良哈更是协助鞑靼部抢掠明军戍边的军士，窥伺明朝的边境。永乐二十年，兀良哈彻底背弃明朝，协助鞑靼部侵犯明朝，最终导致明成祖亲征。也就是说，洪武年间的短暂缓和期过后，鞑靼、瓦剌、兀良哈势力时而敌对，时而结合，但最终都向着同一个目标，那就是侵犯明帝国。瓦剌部南下，鞑靼部东移，兀良哈部摇摆不定，都预示着辽东以及宣府地区军事压力的增大。

明成祖驾崩以后，原先明面上对明朝俯首称臣，暗地里却勾结瓦剌及鞑靼的兀良哈三卫终于在宣德年间开始大规模入侵明朝。宣德三年，喜峰口守将遣人驰奏：兀良哈部率领万众侵边，已入大宁，经过会州即将到达宽河。此时正值明宣宗朱瞻基至蓟州遵化县巡边阅武，边报突至，朱瞻基决计亲征。明军趁着夜色开出喜峰口，驰进四十里，清晨到达宽河（今宽城县），和兀良哈部遭遇。明宣宗命骑兵从两翼夹击，并亲自担当前锋，弯弓射杀三人，同时明军两翼飞矢如雨，继而骑兵神机铳叠发，兀良哈部彻底溃散。明宣宗亲率数百骑兵追击，兀良哈部看见天子黄龙旗，最终放弃了抵抗，纷纷投降。消灭兀良哈主力以后，明军又分兵搜寻兀良哈大本营。此次战役以明朝的胜利告终。但是明帝国也不得不开始面对一些情况——蒙古部已经强盛起来。之前在洪武时期，明帝国还能采取较为主动的出塞军事策略，频频打击鞑靼部，致使兀良哈部投降明朝，而在短短的二三十年后，兀良哈就完成了从称臣到勾结鞑靼瓦剌、最终侵犯明朝边境的转变。翻阅《明宣宗实录》可以发现，整个宣德年间，蒙古部入侵的主要地点在辽东地区和大同镇、开平卫（今河北省赤城县）。同时，在宣德时期，蒙古瓦剌部崛起，灭杀了鞑靼部阿鲁台，欲向明帝国献出俘获的玉玺，此举说明了瓦剌部的再一次崛起和南下的预兆。明朝虽然在宣德年间取得了边境战争的大捷，但是边境的形势开始恶化，蒙古部权力分配逐渐明晰，这虽然在当时并没有对明朝造成过大的影响，但是足够让明统治者开始重视这个问题。在这种变幻莫测的北方形势下，明帝国加快了对宣府镇城的建设。其中，宣德五年（公元1430年）设立的万全都司具有里程碑式的意义。

万全都司是宣德五年六月在故元顺宁府的基础上设立的，是明朝北方防线设立时间较晚的一个都司。当时，蒙古部的入侵方向主要有三：一为集宁、大同方向；二为张宣、独石方向；三为燕山、蓟边方向。宣府是前两个方向的要冲，再加上"其地山川纠纷，号称险塞"，因此在边防的需要下，万全都司应运而生。

经过洪、永时期对宣府地区的初步建设，宣德五年六月的宣府虽然称镇，但是在军事制度上和各周边镇的联系并不大。明宣宗敏锐地发现，宣府镇及周边的军士"散处边境"，互不制约，一旦有警，很难做到统一的调配和征战。于是，他下令在宣府地区设立都司，首任都指挥使为马升，同知为毛翔，武兴任指挥使，朱谦任都指挥佥事，负责统一管理宣府镇城及周边十六个卫所的军事要务。同年九月，明朝确定都司治所设立在宣府前卫。宣府的防御范围正式确定，其所辖包括怀安至居庸关间的众多卫所。在当时的环境下，明帝国整合现有军事资源，设立都司和镇守官员，具有一定的积极意义。另外，因为万全都司设立时间较晚，其建制较其他都

宣德六年都司管辖卫所及其沿革情况

卫所治地	治地今所在地	卫所沿革
宣府左卫	河北省宣化县	洪武二十六年置，洪武三十一年迁保定屯守，永乐初改调定州屯守。宣德二年十月回宣府，永乐元年二月直隶后军都督府，宣德五年六月改属万全都司。
宣府右卫	同上	洪武二十六年二月置，洪武三十一年迁保定屯守，永乐初改调定州屯守，宣德二年十月回宣府。永乐元年二月直隶后军都督府，宣德五年六月改属万全都司。
宣府前卫	同上	洪武二十六年置，属山西行都司。永乐元年二月直隶后军都督府，宣德五年六月改属万全都司。
万全左卫	河北省怀安县	洪武二十六年二月置，洪武三十五年徙治山西蔚州。永乐元年二月徙通州，后寻还故治。永乐元年二月直隶后军都督府，宣德五年六月改属万全都司。
万全右卫	河北省万全县	洪武二十六年二月置，洪武三十五年徙治山西蔚州。永乐元年二月徙通州，复徙得胜堡。永乐元年二月直隶后军都督府，宣德五年六月改属万全都司。
怀安卫	河北省怀安县	洪武二十六年置，永乐元年二月直隶后军都督府，宣德五年六月改属万全都司。
广昌守御千户所	河北省涞源县	洪武十二年九月置，初隶属山西行都司，宣德六年改隶万全都司。
蔚州卫	河北省蔚县	洪武七年置，初隶山西行都司，宣德五年属万全都司。
开平卫	河北省赤城县	洪武二年置，初治开平旧城（今内蒙古正蓝旗东北闪电河北岸），隶北平都司。永乐元年二月徙卫治京师，直隶后军都督府，四年二月还旧治。宣德五年徙开平卫于独石。隶万全都司。

怀来卫	河北省怀来县	洪武三十年正月置,初置时为怀来守御千户所,永乐十五年改怀来左卫,十六年改怀来卫。初隶北平都司,后改隶后军都督府。宣德五年六月改隶万全都司。
延庆左卫	北京市延庆县永宁镇	永乐元年建,初直隶后军都督府,宣德五年六月改隶万全都司。
延庆右卫	河北省怀来县东南	同上
永宁卫	北京市延庆县永宁镇	置卫时间不详。初属北平都司,北平都司废后改隶后军都督府,宣德五年改隶万全都司。
保安卫	河北省怀来县西北新保安	永乐十二年置卫,初治今河北省涿鹿县,景泰二年移卫。初隶后军都督府,宣德五年改隶万全都司。
保安右卫	河北省阳原东北东城	永乐十五年置卫,曾两次徙卫,永乐二十年于怀安卫城内东北固定下来。保安右卫直隶后军都督府,于宣德五年改隶万全都司。
兴和守御千户所	河北省宣化县	洪武三十年置,初治故元兴和路即今河北省张北县,初隶北平都司。永乐元年二月直隶后军都督府,永乐二十年徙治宣府城,宣德五年六月改属万全都司。
美峪守御千户所	河北省怀来县西北新保安以西	永乐十三年置,曾两次徙所。宣德五年六月改属万全都司。
龙门卫	河北省赤城县西南龙关	宣德六年置,隶属万全都司。
龙门守御千户所	赤城东	同上

明朝洪武到宣德年间城堡建设一览

年号	城堡名称
洪武	怀来卫城、蔚州卫城、怀安卫城、麻峪口堡、东八里堡、西八里堡、沙城堡
建文	无
永乐	宁远站堡、长安岭所城、保安州城、鸡鸣驿
洪熙	无
宣德	赵川堡、龙门关堡、张家口堡、独石口城、葛峪堡、常峪口堡、青边口堡、大白阳堡、小白阳堡、云州所城、赤城堡、永宁卫城、龙门卫城、龙门所城、雕鹗堡、马营堡、君子堡、洗马林堡、新开口堡、新河口堡
正统	柴沟堡、西阳河堡

司更加稳定。

宣德年间,明帝国大修边防城堡,所修城堡甚至比洪武、永乐两朝所修城堡的总和都多,这也能从侧面体现出明帝国边防战略的改变。当时蒙古部的重心偏向东部,再加上明成祖朱棣病逝,永乐年间对大宁卫的暂时性弃守到洪熙、宣德年间变成了彻底弃守。明朝边防线的收缩加上明军战力的下降,让明军不得不退居守势。在这个时候,凭坚城以待敌寇,是明军最佳的选择。

明帝国边防史：从土木堡之变到大凌河血战

宣府防御上的致命漏洞

明宣宗朱瞻基在位十年间，四次巡视边境，并大规模修筑关隘城堡，为以后可能发生的冲突做准备。明宣宗的举措效果显著。北方蒙古诸部在这个时期都没有轻易地劫掠明朝边境。明宣宗最后一次巡边时，已有"时宣府为朝廷北门……为各边之最"的美誉，说明宣府的军事作用逐渐显现出来，其地位也大为提升。要注意的是，城池的修缮、军事体系的确立、军事单位的设置，只是初步完成了战略布局，大的战略框架初具雏形。但是要知道，基本从零开始的明帝国，在宣府防御的细节方面依然处于摸索和建设阶段，让宣府防御体系的大框架正常运作的重要"零件"依然缺乏。在土木堡之变以前甚至以后的很长一段时间，宣府镇的内部军事设施依然无法填补其防御空洞。

正统五年，明英宗朱祁镇同意都御使罗亨信的提议，对宣府镇城进行了包砖处理。虽然当时战事已经有些紧迫，但是宣府镇城的城防却让人大为咋舌。城墙变得城土不坚，以至于一旦遇到下雨，就会下滑倾颓。守边的将士疲于修筑，十分不利于战时的防御。作为万全都司的所在地，历经永乐、宣德两朝大规模改制和建设的宣府镇城城防，居然一下雨就倾堕不可守！于是明英宗下令对城墙进行包砖和加厚、加固，并添加军事设施，工期为正统五年四月至九月。

修缮改建后的宣府城不可谓不宏伟：城墙厚度达到14米左右，拓址礅石三层，用砖砌至垛口；城墙高8米余，碟垛高2米余，镇城的四门外各环瓮城，瓮城外又筑墙作门，设吊桥，掘壕堑；又在城东筑重台，建高楼七间，高近15米；镇城周长12.3公里，且平均厚度超过了高度，稳固程度可想而知。主体城身为素土夯筑，夯层厚度在0.22米左右；内侧城体的外面加筑了宽1米左右的三合土表层；城体外侧为灰砖包砌，底部砌基石三层，高1米，基石以上砌砖直至垛口，包砖厚度在1—1.5米之间，砌法为"一顺一丁"。

明朝建国七十余年，后来号称"九边重镇"的宣府镇城才进行包砖，宣府镇的其他城堡可想而知。可见宣府地区的发展是相当缓慢的。事实上，宣府镇的其他军堡，甚至整个北方边界的所有堡垒，建设和包砖基本都在土木堡之后，是在景泰时期到

◎ 明宣宗朱瞻基

明朝灭亡的二百多年间逐渐完善的。当时宣府镇的建设正处于摸索阶段，而这一阶段的城防和军镇空间分布是"畸形"的，不完善的。

当时除宣府镇是超大型城池外，其他边堡都是小型城堡。根据统计，万历年间，宣府全镇各城堡，周长二里左右的最多，有23座；四里以上的有15座；最小的黑石岭堡周长不足一里。城堡大小不一，集中体现了宣府镇城防和军事分布等的不足。

明初宣府镇乃至整个北方边镇军堡和其他军事设施的建设存在这些问题，主要是由于明军在宣府地区对故元及鞑靼、瓦剌、兀良哈部的战争过于顺利。总体上，在宣府镇地区，从明太祖时期到正统时期，明军对蒙古部的军事行动都偏向于主动，并都取得了胜利。蒙古部虽然不时南犯，但基本都是以抢掠为目的的小规模骚扰，并没有对明帝国造成太大威胁。明朝统治者并不是预言者，自然想不到蒙古部会大规模入犯。以至于明朝中央政府只注重各个城堡的建设，却忽略了大小城堡和各个小城堡间的军事协作。

总之，大城堡太大，小城堡太小，中间也没有墩台、关隘和边墙等军事纽扣连接，是当时宣府镇存在的一个很大的隐患。

提到墩台和关隘，首先要说明一下宣府和大同两镇的地形。大同镇地形以平原居多，如果要经略北方边境，自然要修建大量墩台，用于防守和传递情报。宣府镇则相反，山川险境居多，平原较少，所以主要在山川险境地段修建关隘，或堵塞山路来达到阻击蒙古铁骑的目的。宣府镇的管辖范围达到一千三百余里，而根据《全边略记》的记载，在土木堡之战之前不久，宣府只有"边堡凡三十九处"。另外，明初的宣府、大同两镇总计墩台不过360多座，可通人马的关隘有44处。一直到正统年间，墩台数量依然没有较大程度的变化，宣府和大同的边防线加起来有二三千里。也就是说，当时宣府和大同这两个边防形势最严峻的重镇，每隔数十里甚至上百里才有一个墩台！《明实录》也记载，永乐年间明政府虽然在大同和北平附近修筑了墩台，但是数量并不多，墩台之间的距离也较远。比如为了防御蒙古人，在永乐八年元月，明成祖下令自北京至居庸关沿途修建烟墩，关内关外每三十里修建一个。其实每三十里设一个墩距离依然太远，因为根据明成化年间余子俊的建议，沿边墩台需要每一二里便设置一个。三年后的永乐十一年十月，山西边境上的墩台才全部修成。相比之下，宣府大规模修筑墩台的记载则不多，明政府在宣府的烟墩修筑工程大部分集中于靠近边境、地势险要的城堡。如永乐十二年在深井、李家庄、大箭口三处设立烟墩。宣镇烟墩最密集的地方当属独石口。正统十二年，"独石永宁等处墩台每因岁终积雪春暖融入土故，易坏。间有隔越甚远者，哨瞭不相及。请增置墩台。自龙门乱泉寺起，至龙门卫迤西，共一百四十六座，分军列守从之"。这是土木堡之战前，明朝在宣镇修筑墩台规模最大的一次。但这次修筑依然只针对一个要冲，纵深地区仍缺少墩台。

另外，宣府镇关隘的质量也并不乐

明帝国边防史：从土木堡之变到大凌河血战

◎ 明代嘉峪关方形墩台遗迹（有部分修复）

观。根据杨洪的奏疏，明初宣府镇关隘共一十四处，其中，西阳河、洗马林、张家口、新开堡、野狐岭关最为要害。这里的一十四并非总数，而是全部关隘中最险要、最具军事意义的十四处。这十四处关隘的修筑，决定着明帝国北方边防的安全。关于这十四个地方的武备情况，史籍上并无详细记载。但是我们可以拿明帝国从洪武二年便开始经营的紫荆关和其他一些普通关隘做参考。土木堡之战之前，"大同宣府各边隘口甚多，虽设置栅榨，挑掘壕堑，但恐贼人窥伺越过"，可见当时的北方关隘仅仅用木栅栏来进行守备防御。守备人数"多则百人，少三五十人"。几十个人守备，用木栅栏作为防御工事，这便是明初的关隘防御状况。虽然正统初年明朝曾增加守卫关隘人数，但并无多大改善。我们再来看一下紫荆关。当时紫荆关"城低壕浅，东西受敌，难以备御"。可以看出，从洪武年间就开始重点经营的紫荆关口，直到明朝建国七十多年后，居然仍是"城低壕浅"、难以守备的状态！而且根据"东西受敌"，我们可以知道，当时紫荆关东西两边一定还有没有堵死或设置守备的山路，蒙古人可以轻易袭击紫荆关。紫荆关尚且如此，那十四处关隘能有多大防御作用，就可想而知了。

前面说了这么多，可能会有人提出疑

历经千年的宣府防线

◎ 紫荆关

问：明朝最出名的防御性建筑难道不是万里长城吗？有了万里长城还需要墩台和关隘吗？

这里首先要说明的是"长城"这个概念。《长城百科全书》中给长城下了如下定义："长城（古时又称塞垣），由延绵伸展的一道或多道城墙，一重或多重关堡，以及各种战斗设施、生活设施、报警烽燧、道路网络等组成。是一条以城墙为基线，以关隘为支撑点，纵深梯次相贯，点线结合的巨型军事工程体系。"

可以看出，长城的定义和大多数人所认为的并不一样。大多数人所说的"长城"，其实就是明代为防止北方蒙古部南下而修筑的边墙。《明实录》中，从洪武元年至正统末年，有记载的边墙修筑竟然只有一次。那是在永乐十年八月七日，明成祖敕边将于长安岭、野狐岭及兴和、迤西至洗马林等险要地区修筑石垣和壕堑，以抵御蒙古人的入侵。很明显，当时明朝对于边墙的修筑并不热心。七十年的时间里，只有明成祖时期小规模地修建过一次边墙。修筑的边墙长度为"万全右卫镇口墩起至平夷墩止垣二十五里，膳房堡野狐岭二墩起至野狐西一墩止一十八里，新河口水沟墩起至平庑西墩止垣二十六里，洗马林镇安墩起至平庑西墩止四十五里"。

要注意，这是嘉靖中期明朝大规模修筑北方边镇塞垣后的数据。可以得出一个结论：土木堡之战前，明朝在宣府镇修筑的边墙长度只有一百余里。要知道宣府地区的边墙修筑完成以后，总长度达到了一千八百六十五余里，折算为今天的单位大概有940公里。也就是说，土木堡之战前，明朝的边墙长度仅为嘉靖时期的十八分之一，而且这些边墙还是断断续续的塞垣。

连当时的人都感觉这样的边墙有还不如没有。正统元年，总兵官谭广甚至上疏请求改筑边墙为筑墩。给事中朱纯还请求修筑塞垣，然而谭广并不同意，他认为自龙门至独石及黑峪口的五百五十余里，地形十分险要，工作甚难，需要花费大量人力财力，不如增加墩台以备战守。最终的结果是，明朝仅增加了赤城等地的烟墩二十二座。

综合起来可以看出，在土木堡之战前，

WarStory · 43

◎ 明代烽火台遗迹

明朝根本没有连成一体、长度可观的边墙。同时,由于疏于修建,当时构成长城军事体系的墩台、关隘和边墙无法有效互补。宣府镇就在这种基本无有效墩台、基本无坚固关隘、基本无一体边墙的"三无"状态下迎来了土木堡之战的巨变。

当然,公平地讲,明朝政府后来确实认识到了蒙古势力崛起、明军战力水平降低等一系列问题,开始重新考虑边境的建设,并对军事体系进行了改善。以当时宣府的防御体系对抗"小规模的游骑抢劫"是毫无问题的。毕竟从明初到正统年间的七十多年里,宣府镇虽然地理位置十分重要,但是相对西边的大同和东边的辽东来说,军事压力最小,也从没有遭到过蒙古部大规模的入侵和毁灭性的威胁。以宣府当时的军事单位和武备,完全能够在未来的一段时间里满足军事需要。而为了还没出现的军事威胁,长期花费高昂的费用来修建并不需要的关隘、墩台、边墙,显然是没有必要的。

总体来说,宣府的军事体制和防御建筑是符合当时的边境形势的。比如前面所说的正统初年独石口一百余墩台,就是基于兀良哈部对独石口的长期袭扰而有针对性地修筑的。宣府镇的其他地区当时受到的威胁并不严重,所以就只是象征性地(也可以说是例行公事地)修建了少量墩台。

可以说,明帝国对这些军事体系的建设,建立于蒙古部族对宣府的袭扰仅仅只是"游骑"的基础之上。以当时蒙古部袭扰的"常例"来看,明朝的任何一个关隘、墩台、城堡,都完全有能力对付。但是这种治安性的防御布置根本无法抵御大规模的骑兵入侵。这种防御布置仅仅依赖于一个或两个大坚城,而忽视了坚城和小城堡的互动与军事联系。如果缺少墩台、关隘和边墙这些纽带,一旦有警,在大多数情况下,大小城堡就只能各自为战。大城太大,小城又太小,之间几乎没有有效可靠的纽带作为输入点。如果说在"游骑常规性的袭扰"中尚能自卫的话,一旦遇到大规模入犯,缺乏军事互动的大小城堡就无法做到强有力的抵抗,最终难逃被击破的命运。综上所述,宣府虽然号称统一的边镇,但是大小城堡之间并没有形成一个统一的、完善的军镇体系。

历经千年的宣府防线

◎ 明代墩台，可见其外围修筑有防止骑兵靠近的"羊马墙"

◎ 近年考古工作者发现的明代第三大墩台遗址，位于今河北省张家口市，原属明代宣府镇

也先敏锐地发现了宣府防御布局上对形势预见性不足，基础设施、军堡空间分布不科学等致命弱点。因此他在大同附近野战击败当地明军之后，将宣府选为双方主力决战的战场。

明军在大同惨败后，宣府地区因为缺乏墩台、关隘和边墙，根本无法阻止瓦剌执行侦察和袭扰任务的小队骑兵的行动。大小城堡里的明军因为之前野战失利，防区主力被歼灭，自保都已经很难，更不用说派出侦察力量去搜寻瓦剌军主力了。因此瓦剌骑兵虽然已经深入明帝国防线，处在外线作战的态势，却来去自如，如同在内线作战一样自由便捷。这也是为什么朱祁镇的亲征大军一直掌握不了瓦剌主力动向的原因所在。

与土木堡之变相关的军镇信息表

军堡/城池	修筑(土筑)时间	包砖时间	城池周长	驻军数（弘治正德时期）
宣府镇城	洪武二十七年	正统五年	二十四里*	存籍官军23274名，实有官军18930名 含操备官军17038名，杂差官军1892名
蔚州城	周天象二年	洪武七年	七里十二步	存籍官军2163名，实有官军2096名 含操备官军1161名，杂差官军935名
独石城	洪熙元年	宣德元年	六里二十步	存籍官军8830名，实有官军4304名 含操备官军2497名，杂差官军1807名
马营堡	宣德七年	正统八年	六里五十步	存籍官军3275名，实有官军2281名
赤城堡	洪熙元年七月（时宣德帝已即位）	景泰初年	三里一百四十八步	存籍官军1597名，实有官军1031名 含操备官军882名，杂差官军149名
雕鹗堡	宣德六年	成化八年	二里一百八十步	存籍官军659名，实有官军651名 含操备官军310名，杂差官军341名
怀来城	洪武初年	正统、景泰年间	八里三百三十七步二尺	存籍官军1889名，实有官军1889名 含操备官军932名，杂差官军957名
永宁城	永乐十五年	宣德元年	六里十三步	存籍官军8880名，实有官军3322名 含操备官军1967名，杂差官军1355名
龙门卫	宣德六年	隆庆二年	四里五十六步	存籍官军3588名，实有官军1743名 含操备官军1047名，杂差官军696名

* 注：明代一里为今536米，一步为五尺，约1.5米。

景泰以前宣府镇对蒙古部的较大规模战争

明蒙冲突时间	结果
洪武二年春	参政傅有德率步骑屯朔州，遂巡太和岭以北至宣德府，值元将脱列伯南下，进击，遂败之
洪武三年春	左副将军李文忠败元兵于骆驼山
洪武四年秋	北虏寇云州，参政华云龙击破之
洪武七年春	曹国公李文忠击虏酋于阳门，败之
洪武十四年夏	北虏寇开平，指挥使丁忠击败之
洪武二十三年春	颖国公傅有德出塞（至迤都山，独石北境外）击北虏，败之
永乐八年夏	车驾北征，大败虏于斡滩河（元太祖始兴之地）
永乐十二年夏	车驾北征，大败虏于土剌河
永乐二十年春	北虏入寇，阿鲁台寇兴和，杀守将指挥王焕，车驾征之，虏大败
宣德五年春	北虏寇开平，值阳武侯薛禄督粮至奇黄岭，遇虏猝至，遂进战，悉斩之

土木堡之战的布局与较量

◎ 杨继正

前情已经交代完毕，接下来让我们拨开历史的迷雾，仔细梳理一下土木堡之战的整体脉络。

落入也先局中的明英宗

要说土木堡之战，必须先从明军荒唐的战前准备说起。正统十四年（公元1449年）七月十六日，明英宗率领着不到十六万的明军正式踏上了亲征道路。从明英宗宣布亲征到上路，明军"奇迹般"地只用两天时间就"完成"了动员、粮草、军械等一系列准备工作。明军在行军途中毫无纪律，明英宗甚至不得不诏谕随行文武官员，晓以行军纪律。

不久后，明军在如此仓促的情况下到达了大同。结果大同镇守太监郭敬秘密告诉王振，如果明军继续出师，将正中也先的诡计。这一记载说明明英宗本来的亲征计划是以大同为中途站，继续北上与也先在明帝国边境之外进行主力决战。亲征军在进驻大同以后，便派遣前军从大同出击，瓦剌军队则从侧面证明了明英宗的这个计划。但是郭敬的密报可不是虚张声势的恐吓，因为在明英宗进军时，之前势如破竹般横扫明帝国边城和守军的瓦剌军队，竟然全部退出到了塞外。同时，也先及阿剌知院所部的游骑也开始在宣大一路袭扰。在这种态势下，再结合郭敬的密报，只能说明明英宗的亲征军进军的时候，也先就在塞外做好了相应准备，只待亲征军深入。李贤的《古穰杂录》中也验证了这一敌情："寇亦开避，待我深入。"加之当时又出现了各种奇异的天象，本该秋高气爽的季节却连续几天大雨滂沱，这似乎是冥冥中在印证郭敬的说法，给予明军警示。于是，最终明军自大同回师，大军东返。

但是此时明军的指挥层又因为回师路线问题而产生了分歧。《国朝献征录》记载，当时镇守大同的都督佥事郭登向大学士曹鼐建议，亲征军宜自紫荆关返回京师。曹鼐向皇帝汇报以后，皇帝并没有采纳，而是决定往东行进，自居庸关入关，这一决定也最终导致了土木堡之战惨剧的发生。由大同入紫荆关，则必经过王振的家乡蔚

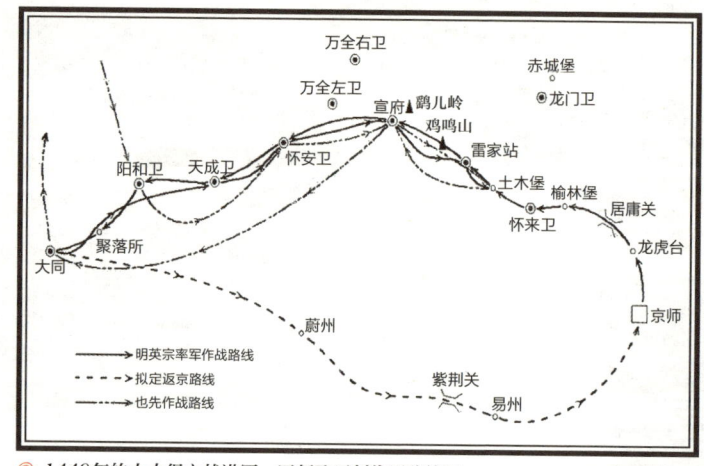

◎ 1449年的土木堡之战进军、回师及瓦剌伐明路线图

土木堡之战的布局与较量

◎ 蔚县南门——景仙门，门楼为万山楼

州。《明实录》称，明军最终不由紫荆关返回的原因是王振害怕大军踩踏了家乡的稼禾。但是这种说法其实略为牵强，清修的《明史》也认为此记载并不符合史实。《明史》进而认为，是明英宗自己不采纳自紫荆关返回的建议，执意要走居庸关。无独有偶，《宣府镇志》中也记载郭登奏请以后，王振也邀请明英宗回师，丝毫没有提及怕毁损家乡庄稼的事情。那么整件事情的脉络就非常清晰了。在郭登奏请亲征军自紫荆关回师以后，王振也请求明英宗自紫荆关回师，但是明英宗并未听取意见，执意从居庸关回师。《明实录》为了避尊者讳，就将不从紫荆关回师的责任推给了王振。

那么为什么明英宗执意不从紫荆关回师呢？一方面，也先和阿剌知院的主力全部在亲征军进军和回师的路线上，明英宗很可能仍在寻求和瓦剌的决战。毕竟对于这个年轻的皇帝而言，在朝臣激烈反对亲征的情况下，取得一场决定性胜利无疑是对反对者最好的回击。另一方面，自蔚州入紫荆关回师，其实也是一个十分冒险的

计划。虽然土木堡之战以后，论者多将明军战败的原因归罪到明军自居庸关回师这一错误决定上——因为根据明代嘉靖、万历时期大同地区的地图来看，当时大同至蔚州城途中有聚落城、许家庄堡、广灵城、顺圣川东城、灵丘城、浑源城等多个城堡可以作庇护——但是历史毕竟不是做选择题，A 选择错误，不等于 B 选择正确。实际上，明朝九边地区的城堡，有七成以上都是在正统以后才逐渐筑成的，正统十四年以前，从大同至蔚州城途中，其实就只有浑源城和广灵城两座城池。如前所说，明初的九边地区就犹如一个四处漏水的大筛子，是非常空旷的。且大同镇多为平原，一旦准备不足且正在行军的明军与瓦剌十几万骑兵在几乎毫无军事设施的平原上遭遇，后果无疑会是毁灭性的。

那么如果不选 A 也不选 B，留在大同，又是否可行呢？答案依然是否定的。因为在明英宗东行回师后不久，大同就遭到了也先的毁灭性打击，大同城几乎被攻破。在也先大军的猛烈围攻下，大同城门日夜

明代九边部分城堡情况

城堡	筑城及砖包时间	城堡参数
聚落城	始创于弘治十三年，隆庆六年砖包	周长三里，高三丈七尺
许家庄堡	原为民堡，嘉靖三十九年更为军堡，万历二十九年砖包	周长三里余，高三丈六尺
广灵城	土筑于洪武六年，万历元年砖包	周长二里余，高四丈
浑源城	明朝之前既已存在，万历元年砖包	周长四里余，高四丈
灵丘城	天顺三年土筑，万历二十八年砖包	周长四里余，高三丈五尺
顺圣东城	土筑于天顺四年，嘉靖四十三年重修，万历四年砖包	无数据

土木堡之战的布局与较量

紧闭,军士多战死,存活下来的也全部伤残。大同守将郭登为鼓舞士气,凝聚人心,亲自慰问伤者,为伤兵敷药。然而当时大多数人对于战事都非常消极,甚至有人委婉地向郭登表达了开城投降也先的想法。郭登义正词严地说道:"我发誓将与大同城共存亡,如果城破,我也不会让诸君独死,到时我将会自裁以谢国恩!"

从十四年六月也先率大军进犯大同镇,到八月明英宗回师,两个月中,也先都不曾冒险进攻坚固的大同镇,为何却在明英宗亲征军驻跸大同后不久就直扑大同镇城,几乎把大同城打残?这就透露了一个非常恐怖的信息:也先已经完全摸透了大同镇甚至整个北方边镇防御体系的不足,即一旦将镇城斩首,明军将毫无还手之力。在明初那种无边墙、少墩台、少城堡的情况下,一旦镇城被打残,整个防御体系就会陷入瘫痪状态。之后,也先便可以安心地寻求最佳时机和明军进行战略决战。可见,打残大同城,让大同镇城不能对周边地区进行有效的支援,是也先战略的第一步。

也先打残大同镇城以后,四处搜寻明军的动向,以求决战。《正统临戎录》中有很直接的记载。据明英宗亲口所说,正统十四年八月,他亲领人马到大同,回师的时候遭到了也先人马的追袭。这很直接地说明了明英宗当时完全知道也先在追袭自己。

此时如果驻留大同城,亲征军确实能

◎ 万历三十年,时任宣大山西三镇总督杨时宁所绘制的《宣大山西三镇图说》中的《山西镇总图》。在土木堡之变前,山西、大同至蔚州依然几乎没有任何军事存在

够加强大同的防务。但大同周围的地形地貌又不适合与瓦剌铁骑进行野战,大同总督宋瑛的惨败就是前车之鉴。但是将近二十万军队以及大量随行人员,又是一个"后勤黑洞"。届时,如果瓦剌围困大同,巨大的后勤压力将压垮亲征军,汉初"白登之围"和始光元年北魏皇帝被柔然围困的悲剧必将再次上演。

因此,明军指挥层恰是因为发现了也先的意图,所以才选择放弃紫荆关路线,改走宣府路线。既然明英宗很清楚也先的目的,那么《明实录》中所说的明军进军时蒙古军全部退出到塞外的原因,实际上就是也先收缩兵力、准备合围明军的战略欺骗。

此外,明英宗还回忆说:"有伯颜帖木儿来时摆下着传报马传说,今遇见大明皇帝驾了,着也先急领人马前来对敌。"这说明当时也先探马四出,拼命探寻这支亲征军的路线。瓦剌军一旦掌握消息,便会立刻聚兵一处进行攻击。因此亲征军刚离开大同不久,大同便被打残,仅能勉强自守,根本无法做到任何支援。这就是也先的第一招撒手锏。也就是说,不管亲征军选择哪条回师路线,大同都是肯定要被攻打的。这从另一个侧面验证了大同至蔚州再到紫荆关的路线是不可行的。毕竟沿路皆为平原,无险可守,一旦被瓦剌探马侦知,必然遭到也先骑兵的追袭。在没有烟墩传报的情况下,行军中的明军即使发现了也先大军,也无法在短时间内结阵对敌。在这样的平原战场上,明军根本避免不了全军覆没的厄运。

也就是说,明军选择自多山川、不利于骑兵作战的宣府地区返回京师,是正确思路。或许在明英宗那个年轻而冲动的头脑里,还留有一丝幻想,觉得自己能够率领明军在不利于骑兵作战的地域击败瓦剌军。但是,历史似乎有一种黑色幽默。虽然你做出了正确的选择,但对方更具天时地利人和,双方统率的能力更是有着天壤之别。结果明军依然无法避免在毫无军事后援的情况下被也先主力突然合围的命运。

在大同镇城和瓦剌军打得难解难分的时候,亲征军的回师却似乎十分顺利,一路上并无瓦剌军队截击。当亲征军到达雷家站(今新保安镇)后的八月十三日,丧钟终于敲响。根据宣府谍报,瓦剌军队将袭明军后部。结合《正统临戎录》中"传报马传说"的记载,说明也先集中主力打残大同以后,就迅速分散,派出了大量探马,侦察亲征军的位置。接下来就是吴克忠与朱勇两部大军共五六万人在鹞儿岭的两番惨败和全军覆没。

在这里特别要提到的是,雷家站距离宣府镇城非常近,而鹞儿岭离宣府镇城更近。那么为何也先大军能如此嚣张地率军深入宣府镇腹地?莫非真的是杨洪被吓破了胆,以至于"惊惶无措,闭门不出"?又或者他与瓦剌有什么暗中交易?

其实,土木堡之战期间,杨洪眼见也先发大兵南下而不驰援,实在是不得已而为之。这个被蒙古人称呼为"杨王"的猛将,并不是一个贪生怕死、计无所出的庸人。他也没有跟瓦剌暗中勾结。他之所以按兵不动,是因为宣府镇城太大,军士又太少。也先大军来袭时,作为中枢的宣府镇城根本无法对其他地方进行支援。

宣府镇城周二十四里，换算成现在的单位，约为12864米。而宣府镇城当时的军士有多少呢？根据杨洪刚上任时候的奏疏，可以发现此时的镇城军士只有一万三千五百余人。也就是说，如果平铺到整个城墙，平均近一米才有一名明军。此外，宣府镇城附属的各种防御工事中还需要大量驻军。杨洪手头的这一万多人中还多有老弱残疾、不堪操练者，再算上操纵火器、使用大型城防武器以及后勤之类的人员，城墙上军士密度当远小于近一米一个。

当时宣府镇既然能侦察到也先自亲征军后路来袭，那么必然掌握有也先部队的一些情况。根据推测，自大同一路来的也先主力约有十万之众，这正是也先能把大同打残的重要原因。因此，宣府镇城在城大人少的情况下，自保尚且吃力，如何能阻止也先的南下？

不难想象，如果杨洪在当时贸然发兵勤王，以宣镇守军的兵力，显然是杯水车薪，难逃成为土木堡亲征军陪葬品的命运。届时宣府镇城的守备力量将元气大伤，宣府镇城也将不守。如果亲征大军被击败，宣府镇城也遭沦陷，那么对整个宣府镇和明帝国北方地区都将是一场浩劫。整个宣府，乃至大同、京畿，将再无抵抗力量，整个华北地区都将陷入战火之中。因此，杨洪凭借城墙和火器优势坚守战略要地不出，以当时的情况来看，实在是作为一个军人的正确决策。

当时也先已经打残了大同镇城，压制了宣府镇城，并且凭借兵力优势，两番全歼了断后的明军。这些胜利，以及肆无忌惮深入鹞儿岭地区的自信，必然让亲征大军惊愕不已。也先那透着森森杀意的战刀此时才刚刚扬起，他欣喜地发现，在自己的逼迫之下，明军已经慌不择路地一头撞进了自己和阿剌知院共同布下的局中。而这个局甚至早在一个月以前就已经布好了。

狡黠狠辣的骑兵合围战

之前在七月十五日，宣府总兵官都督杨洪曾奏称，有蒙古军队围攻马营已三日，并将河水断绝，营中无水。在这份奏章中，隐藏着一个可怕的消息，那就是此时宣府上北路的独石城已经沦陷成为"虏巢"了。土木堡之战结束后，瓦剌方的阿剌知院也曾回忆道："我从独石、马营来，我伤了几处小边城。"在地理上，独石城在马营城之外。那么就可以肯定，在马营被围之前，上北路重镇独石城已然沦陷。然而七月独石的失陷、马营的被围并不是结束，而是一个开始。因为独石城的地理位置为"九塞孤悬之最"，其驻守和城防实力在整个宣府防区仅次于镇城。独石不守，其他小城堡自然无力抵抗蒙古大军的侵犯。所以在独石城失守后，马营城守备——杨洪之子杨俊惧不敢战，弃城遁逃。云州守备率军支援，结果战败，云州亦陷。独石、马营、云州，这三个宣府镇上北路最强军堡接连沦陷，造成了整个宣府镇上北路的恐慌，再加上消息不通，烽火不闻，以至于最后怀来、永宁等地的守军纷纷弃城逃窜。可以说，此三城的沦陷，直接导致了整个宣府上北路的崩溃。其中永宁卫治所在今北京延庆永宁镇，属于宣府镇东路参将驻地，为宣府镇东路重镇。而东路中心重镇守备力量的遁逃，也意味着宣府镇东路极有可能亦全部崩溃。此后瓦剌再进一步，切断了明军可能取水的水源桑干河。

鉴于亲征军进军的时候驻扎过怀来城，那么宣府镇上北路及东路的崩溃时间当为明英宗进驻大同到回师的那段时间，这正好跟也先先隐藏踪迹然后率军猛攻大同镇城的时间基本吻合。因此可以肯定，阿剌知院对宣府镇的进攻和也先对大同的进攻都是瓦剌的战役布局。综合前面瓦剌军的动向，也先南侵的具体战略终于显露出了其狰狞的真实面目：

也先计划先在漠北设伏，引诱亲征军深入，然后将其围歼。如果亲征军没有深入大漠，那么他就和阿剌知院分别进攻亲征军回师的必经之路。两路瓦剌人马通过游骑传递信息，以逸待劳，一有消息便迅速合拢，追袭或围歼亲征军。

因此尽管亲征军在大同得到了消息而并未深入，但最终不论走大同还是宣府，都难免和瓦剌军遭遇。更糟糕的是，明军没有察觉到杨洪那份奏章所隐藏的可怕信息，而此后宣府镇上北路和东路崩溃的消息竟然丝毫没有传到正在回师途中的明军耳里！

上北路和东路崩溃的消息没有被传达，与其说是因为宣府镇的知而不报，倒不如说此时宣府镇城已经完全失去了对上北路和东路的控制，以至于无法得到上北路和

◎ 延庆永宁镇复原古钟楼，原建于宣德五年（1430年）

东路的任何消息。

究其原因，宣府镇不完善的烟墩建设可谓罪魁祸首。因为在当时，宣府镇北路墩台主要分布于独石和马营，由于上北路明军的覆灭和溃逃，宣府镇城无法在短时间内得知上北路及东路的战况消息。后人总结明初墩台缺失的宣府的情况是："洪蔚内地也，虏至境而烽火不闻。"宣府镇重镇蔚州尚且如此，上北路墩台情况恐当与此相类。在那个没有无线电通讯的年代，如果失去了烟火这一通信手段，就只能靠骑马信使传递信息，但当时宣府范围里遍布瓦剌游骑，信使根本无法安全传递信息。

所以可以说，瓦剌准确地抓住了宣府

土木堡之战的布局与较量

◎ 宣府镇独石城遗址

镇军事建筑缺失的弱点，让整个宣府镇音信不通，也让原来可以作为明军回师防御层的上北路和东路地区成为蒙古军阵地，并最终导致明英宗的亲征军在毫无准备和预警的情况下走入瓦剌的包围圈。而瓦剌铁骑在周围静静地、充满杀意地看着明军一步一步走向末路。

将近二十万的明军和大量随属于八月十二日来到雷家站时，已经完全进入了瓦剌的包围圈。这个包围圈后路的口袋便是鹞儿岭。如前面所说，鹞儿岭是通往宣府镇城的要地。也就是说，这个时候，瓦剌军彻底切断了亲征军和宣府镇城的联系，亲征军已经完全没有支援。十三日恭顺侯吴克忠和成国公朱勇相继战败后，明军的形势更加严峻。不过，关于之后的情况，不同的史料却出现了不同的记载。

《否泰录》等史料记载：在亲征军的后路军战败以后，明军移动到了土木堡。土木堡距离怀来城仅有二十里路的距离。按照记载，此时亲征军欲入怀来，而王振却因为千余辆辎重车在后未至，最终要求明军留在土木堡。此时的土木堡"旁无泉水，又当虏冲"。如果按这一史料记载来看，明军战败的原因要归咎于王振的错误指挥。但是根据明军的行军路线，这种说法根本站不住脚。

在明军进驻雷家站的前一天也就是八月十一日，亲征军已经回师到宣府的东南地区，而鹞儿岭就在宣府镇城的东南方向。从明军进驻雷家站时瓦剌便已在鹞儿岭设伏完毕来看，瓦剌在鹞儿岭地区的军事行

War Story · 55

明帝国边防史：从土木堡之变到大凌河血战

◎ 土木堡之变遗址

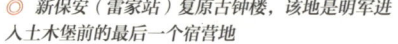
◎ 新保安（雷家站）复原古钟楼，该地是明军进入土木堡前的最后一个宿营地

◎ 新土木堡西北鸡鸣山附近的鸡鸣驿城墙遗址

动很可能在明军进驻雷家站之前就完成了。恭顺侯和成国公当时为后路军，当为明军的尾部，他们战败的消息很快传到了亲征军中。纵使存在这"千余辆辎重车"，也早已为瓦剌所俘，明军不可能预料不到。况且，在不是急行军的前提下，明军何以将如此重要的辎重车放在大军数十里之后，还单独编队行进？逻辑上显然说不通。

我们再来回顾罗亨信的弹劾奏疏。奏疏中有一句"以致怀来、永宁等卫亦行仿效",也就是说,在明军到达土木堡之前,怀来城已被蒙古人占领,试问明军如何进驻怀来城?《否泰录》中说,在土木堡之战的第二天,瓦剌拥明英宗至怀来,当时的守将依然是明军,瓦剌要求明军守将把明英宗的亲笔信交至北京。但这个记载明显是错误的,因为根据亲历过土木堡之战的袁彬所撰写的《北征事迹》来看,当时确实有信交于北京,但不是明英宗亲笔书写,而是袁彬奉圣旨代为撰写的,最终也没有交与怀来守将,而是交给了同样被俘的千户梁贵回京奏讨。且不论是《明实录》还是《北征事迹》,都说明英宗被俘以后,瓦剌人直接簇拥明英宗北上至宣府,并没有记载瓦剌向东到怀来。

所以在当时,亲征军不进驻怀来,是因为当时怀来已被瓦剌占据。进驻土木堡,其实是明军在瓦剌的前后夹逼下迫不得已的决定。

也先未必看过《孙子兵法》,但对《孙子兵法》里"知己知彼"、"庙算于前"的精髓把握得相当好。而明英宗一开始就犯了"主不可以怒而兴师"的大忌,然后又准备仓促、毫无庙算,既不知己也不知彼,处处被动挨打。可以说,明军进驻土木堡之前,就已经注定要失败。

那么最后发生在土木堡的那番大战到底是怎么样的呢?真如很多影视作品中那样,瓦剌大军所向披靡,明军一触即溃,并无太多抵抗就束手投降,全军覆没吗?

我们先来看看蒙古方面的记载。

《蒙古黄金史纲》记载:"早途相遇,汉人筑起重围,无法接近。也先太师佯为退却,却另派出后哨,待汉人从战壕里出来,也先太师反击,汉军大溃,除三百人不曾离开阵地以外,余者均遭屠戮。"

可见,在八月十三日成国公朱勇等人战败以后,明军移动至土木堡,并在很短的时间内迅速修筑起了能满足十几万人作战需要的堑壕和工事,和瓦剌军对峙,以至于也先军队无法接近。《鸿猷录》中也有明军"甫逾堑"的记载,可以和蒙古方面的史料相印证。

明军既然

◎《平番得胜图》中的帅帐防卫布置,方阵最外层为持腰刀、弓箭、盾牌的步兵,内层为骑兵,一人双马,明英宗三百亲军的部署亦当如是

战阵严谨，准备充分，为何会在土木堡之役一败涂地？问题就出在明蒙的议和上面。由于明军筑起了壕堑，蒙古人无法接近，双方就这样僵持了将近三日。此前瓦剌已占据桑干河上游，切断了明军的水源，但是明军在无水状态下依然坚持三日而不崩，足以证明明军的纪律和实力依然不俗。八月十五日，瓦剌突然派出使者到明军阵营，持书议和。明英宗命令曹鼐同意议和，派遣二人送还瓦剌使臣。在亲征军看来，既然形势开始转好，那么这次的结局也许跟"白登之围"和北魏皇帝被柔然围困一样有惊无险。然而此后，明代史书却统一笔锋一转，直接写到了明军大溃败。

明军为何要突然移营？在蒙古人尚未表态、两军尚在对峙的当时，越过壕堑的明军难道就没有考虑过后果吗？我们要从蒙古史料中寻找答案。有一段记载是，也先在围攻明军不成以后，"佯为退却，却另派出后哨，待汉人从战壕里出来，也先太师反击，汉军大溃"。把明蒙史料串联起来，当时的情况就非常清楚了。

也先根本就没有打算和明军议和，从一开始就准备完全吃掉这支明军。他佯装议和，派遣使者到明军阵营示好，曹鼐和另外护送瓦剌使者的人到达虏营以后，必然得到了也先撤军的承诺。也先佯装撤军，饥渴交加三日的明军看见也先撤军，做出了错误的决断——他们相信了也先，走出工事，进入行军状态。但是没想到，明军刚刚越过壕堑，也先大军突然回转，"四面击之"，把正在越过壕堑、营伍不整的明军打了一个猝不及防。如前面所说，当

时明军的总兵力大约在十三万左右，而瓦剌军则集结了十三万骑兵。

也先的这一举动成为压垮明军的最后一根稻草，失去防御工事的明军放弃了抵抗。土木堡之战，明军就此战败，明英宗被俘。

其实游牧民族实施这种诡诈之术不是第一次了。早在"白登之围"中，匈奴的冒顿单于就假装听从阏氏的劝告，故意放开围困一角骗汉军入围。《孙子兵法》曾经说过"围师必阙"，强调包围敌人时，为防止敌军产生拼死作战的决心，要虚留缺口，以动摇敌军指挥官的意志，涣散敌军士兵的斗志。更重要的是，虚留缺口并非放任不管，而是要在敌人逃跑时发动致命一击，使敌人在仓促逃跑过程中陷入覆灭。冒顿和也先这样的草原枭雄应该都没有读过《孙子兵法》，但大草原上残酷的生存竞争却无时无刻不在教授着他们这种战争哲学。

不过久经战阵、老谋深算的汉高祖刘邦可不是明英宗这种热血小青年所能比肩的。刘邦采用了陈平的战术建议，让士兵手持强弩，以战斗队形徐徐撤出重围。匈奴看没有可乘之机，才最终解围撤走。如果明英宗仔细研究过这段历史，或者不那么轻信也先的许诺，也许土木堡之战的走向就完全不同了。然而历史就是历史，明帝国还是惨败于土木堡。

关于明军在土木堡的战败，还有很多细节需要交代清楚。比如明军在土木堡之战的阵亡数就很值得推敲。在把出征人数写成五十万大军的史书中，土木堡之战都以明军全军覆没为结尾。但我们知道，明

军没有五十万,而且瓦剌军再勇猛也没办法把纸面上的人数抓出来杀一遍。

那么明帝国的亲征大军到底有多少呢?根据前文提到的当时参与亲征的李贤的记载("二十余万人中,伤居半,死者三之一,骡马亦二十余万"),可见在土木堡之战中,也先并没有专事杀戮,而是以劫掠为主。

瓦剌军"贪得利",把抢夺军械辎重作为首要目的,不专注于杀戮,这点在其他史料中亦有记载。《正统临戎录》中提到:当时明英宗盘坐在地,不知其为明帝国天子的蒙古人做的第一件事不是举刀杀人,而是伸手去剥明英宗的甲胄。袁彬在《北征事迹》里也只说人马被杀散,而不是"被杀光"。这些记载从侧面证明了李贤所记的真实性。

最后要交代的就是王振的结局。《明史纪事本末》记载,土木堡之战明军溃败时,护卫将军樊忠对大军的溃败无限痛恨,于是在皇帝身旁用手持的大锤锤死了王振,大呼:"我为天下诛此贼!"说罢突围,杀数十人,最终战死。很多文章引用过这一段史料,但是这个记载是否属实呢?

◎ 土木堡之变后明朝政府为悼念遇难的大臣,在土木村内建造的显忠祠

◎ 显忠祠里墙上所绘灵位

在明代记载中，明英宗的被俘颇有神话色彩：皇帝见事情已经败坏，一个人盘膝而坐于高岗之上，乱军之中有如神仙附体，不中箭不被砍，而且还淡定地和蒙古人谈笑风生，最终被俘。然而明朝方面的资料多为尊者讳，不足为信。那么我们就根据蒙古史料记载来窥见一二：在明军大溃败时，并不是所有的军人都引颈就戮，皇帝身边也并不是一个人都没有，隶属于皇帝的三百亲军始终不曾离开阵地，这三百军人颇有斯巴达勇士的风范，在面对十几万蒙古军一边倒的杀戮时不曾退缩，并且在最后关头仍然骄傲地说："我等系大明皇帝的臣子，岂可弃君逃跑？"最终这三百勇士壮烈殉国，蒙古军随后从战壕中拖出了明英宗。

这给了我们几个十分重要的信息：第一，自始至终，皇帝都在战壕之中，缘何如此忠勇无双的樊忠在击杀王振以后不顾皇帝死活自己突围？第二，这三百军人当属皇帝亲军，那就很可能是锦衣卫，然而翻阅大明会典，护卫将军仅仅作用于礼仪性的活动之中，而锦衣卫中也并没有护卫将军这一官职，何以不隶属于皇帝亲军的樊忠会出现在皇帝身旁？这显然是不符合常理的。所以，《明史纪事本末》的这段记载很可能是一种为体现正义性和圆满结局的小说笔法。而王振作为军中重要人物，当时必然是在皇帝周围。明英宗在复位以后曾亲口说王振死于王事，并对其进行追封，也从另一角度说明了王振并非为樊忠所杀。那么，王振很可能就是为了保护明

土木堡之战的布局与较量

◎ 显忠祠里的殉难者名单

英宗而最终被杀的。

土木堡一战明军损失惨重。两支断后明军全军覆没，被围明军死伤过半，大量随行勋贵子弟损失一空，皇帝被俘。特别要提到的是随行的军事勋贵家族年轻一辈，他们刚进入军队，还没得到历练就毫无意义地损失于土木堡，这对明帝国来说，可能是比皇帝被俘还要惨重的损失。这些种子军官的损失对此后相当长时间内明朝的军队建设产生了非常恶劣的影响。

至于明军土木堡之战的战败原因，首先是明英宗和王振好大喜功。他们不顾群臣的反对，在明军仅仅准备不到两天的情况下便匆忙行军，以至于明军一路粮草不足，军心不稳，指挥层面亦做不到同心同德，最终矛盾不断，分崩离析。

其次，瓦剌此次的南侵行动超过了宣府镇当时军事设施的最大承受能力，致使宣府镇上北路和东路全部沦入敌手。数量过少的烟墩、尚未砖包的城防、过少的驻军、军堡空间分布的不完善，都是此战战败的因素。

最后，明军指挥层过于天真，缺乏冷静正确的判断，轻信瓦剌的议和，使得全军越过军事工事，最终溃败。

综合以上几点，土木堡之战的战败，不仅仅是一个人、一个镇的责任，还应归因于时局的变化、国家力量的此涨彼伏，以及时代的局限性和宣府镇的建设情况。因此切不可轻下结论，片面看待这场战役。

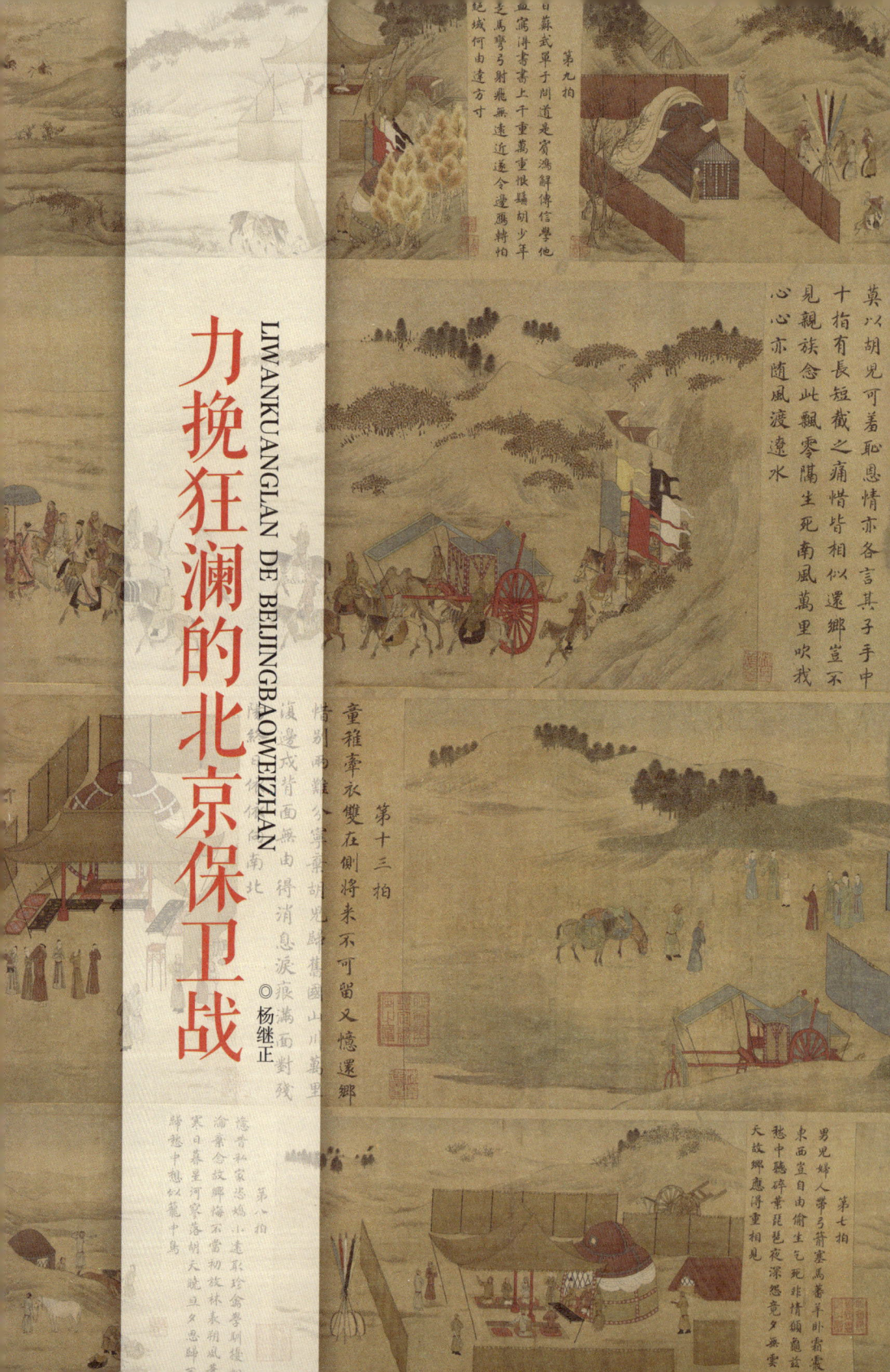

力挽狂澜的北京保卫战

© 杨继正

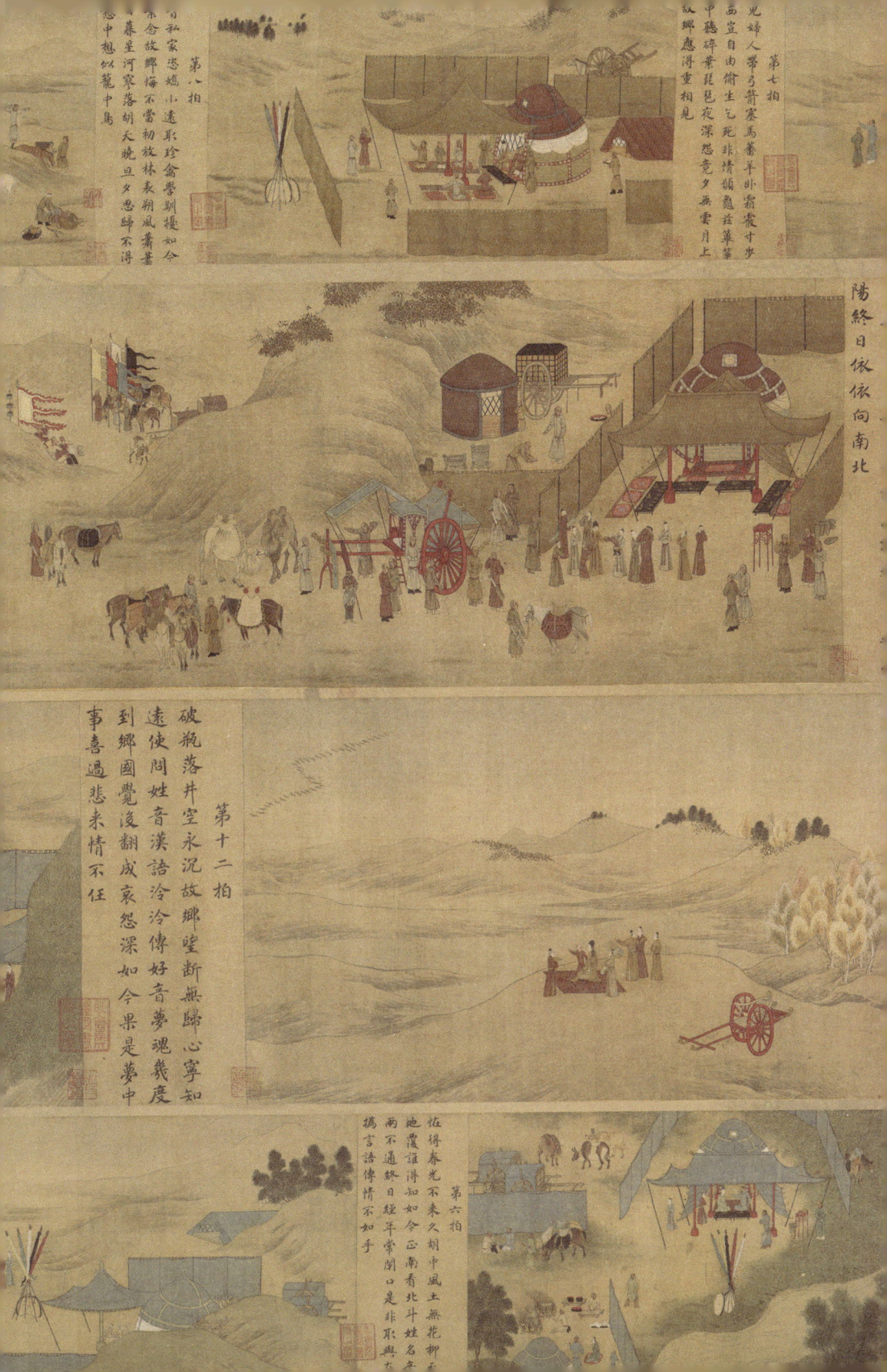

土木堡之战结束了，但明帝国和蒙古人之间的交锋还远未结束。十七日，瓦剌军簇拥着明英宗来到宣府镇城，以期克城或者攫取巨额利益。但也先没想到的是，瓦剌派人到宣府西城角答话时，却受到了城头上明军火器的"热烈欢迎"，使者根本无法靠近。此后，瓦剌转而到达宣府镇城南门。

这里对南门做一些说明。在洪武年间宣府镇城拓城时，南边有昌平、宣德、承安三门。建文元年（公元1399年），明成祖举兵靖难，谷王随之南下时，为防不测，封堵了宣德、承安、高远三门。故正统年间也先来到的南门当为昌平门，昌平门外还建有周长四里的"南关"。

此时的瓦剌军，无论士气还是人数，都大大超过了宣府镇守军，而性格桀骜好斗，有着打残大同镇、击败土木堡明军战绩的也先也显然并不是一个"和平使者"。也先从西城角转到南门，讲和而不攻城，一方面固然是因为手中有明英宗这张牌，另一方面也是因为考虑到了宣府镇城西和城南有河流流过，不利于攻城和布阵，此时明军准备充分，若瓦剌军强行攻城，将会损失巨大。

帝国边防线上的名臣与勇将

也先到达南门以后，对城内守军说有明英宗的圣旨，命令杨洪等人打开城门接皇帝回城。在瓦剌大军压境的情况下，让明军打开城门的目的十分明显，明军肯定不会答应。但是明英宗毕竟在城外，于是明军回复说："如今天色已晚，我不敢擅自开门。这城池军马是爷爷（指皇帝）的，杨洪也出去了，不在城里。"这两句话极有讲究。首先是因为时间已晚，按照城禁，不许开门，况且天晚看不清，无法证实皇帝就在军中，这就为自己不迎接圣旨开门做足了理由；再者，若圣旨是真，守军守的是"皇帝的城池"，敌方兵临城下，断无开门丢城的道理；最后再祭出一招：杨洪不在城里，守军无权开城。这三板斧下来，圣旨也成了废纸。硬的不行，软的亦无用，

◎ 杨洪画像

力挽狂澜的北京保卫战

◎ 复原后的大同城墙

且此时天色已晚，不利于攻城，也先无奈，不再驻扎，随即西行，往大同去了。

八月二十日，瓦剌到达大同东塘坡上，明英宗写信送入城中。二十一日，明英宗派遣忠勇伯到城下，但是大同守军依然不信。最后，明英宗只能让袁彬骑马来到城下。袁彬以头触门大叫，并以驾牌为信，才被明军接入城中，并入见广宁伯刘安、都督郭登等人。守将一番讨论后，刘安出城面见明英宗，恸哭而返。既然守军确认了明英宗确实在也先营中，便无法像宣府镇一样打发瓦剌走人。于是大同只得奉明英宗圣旨，取银一万五千两，送给了也先。

尝到了甜头的也先在九月二十八日再次带着明英宗来到大同城下。当时郭登命令部下在城上悄悄放下月城闸板，打算率壮士突袭，迅速将明英宗救回，但是此举被也先察觉。于是也先又转到南门，让大同城中的首脑出城面圣，但是大同城并没有同意，只是向被俘的皇帝献了羊酒等物，也先见大同守军亦是软硬不吃，再也捞不到什么，遂往紫荆关而去。

也先两次兵临大同城下，为何第一次守军给予银钱，而第二次就采取闭门不纳的态度？其中又有什么隐情？

早在也先第一次来到大同城下时，明英宗就派遣忠勇伯到城下喊话。他喊的是什么话呢？这在袁彬的《北征事迹》中并无记载，但是却被《国朝献征录》记录了下来。也先要求金币数万，并承诺只要给钱，就送还明英宗，然而郭登始终闭门不纳。也就是说，从一开始，忠勇伯就已经要求明军拿钱赎明英宗了。郭登是一代名将,当然不相信这种鬼话,但明英宗却是单纯的,他无疑相信了先的鬼话。因此,面对郭登的拒绝,明英宗惊惶地说:"我与郭登是姻亲,为什么要这样对待我?"可见,明英宗非常心急,他愚蠢地相信了也先的话,然后竟还拿出姻亲关系而不是君臣大义来打动郭登,实在让人啼笑皆非。郭登当时的回复和宣府的杨洪有异曲同工之妙。郭登说道:"我奉命守城,不敢擅自开启城门。"郭登站在固守祖宗基业的道德制高点上,巧妙地回绝了明英宗。有臣如此,固为国家之幸,但是当有君如阿斗,那就是诸葛亮在世,也断无扭转之理。忠勇伯无功而返以后,明英宗竟然又派遣袁彬来城下喊话,其内容无疑与忠勇伯相同。情况到了这个地步,只能让人徒呼奈何。明英宗的第二次遣人终于有了效果。广宁伯刘安、给事中孙祥、知府霍瑄无法无视皇帝在城外这一事实,纷纷出城相见。其中刘安更是不顾身边有敌营将领,将大同城内钱粮多少悉数告知明英宗。于是被"回家"这一许诺烧坏了脑子的明英宗"慷慨"地将一万多银两以及衣物等送与也先。结果自然是钱到了,人却没有回来。

另外,根据记载,二十二日晚,明军的侦察兵"夜不收"曾成功渗透进瓦剌核心营地,欲解救明英宗回城,但又因为明英宗怕死而作罢。此时也先移营猫儿庄,暂时离开了大同城,吃了哑巴亏的刘安等人自然无法再主导大同城的军事策略,于是郭登积极备战,打算武装夺营。郭登秘密招募死士,晓以忠义,并承诺如果成功

将皇帝夺回,皇帝定会将他们封为侯爵。经过这么一番讲话,招募的死士纷纷摩拳擦掌,士气大振,愿以死报国。一切都进行得很顺利。九月二十八日,也先第二次来到大同城下,郭登刚要率壮士出击,竟然有人将此绝密信息透露给了也先,以至于也先匆忙拔营。也先在此期间根本就没有打算放明英宗回城,而且将把皇帝"送回大同城"改为了"送皇帝南归",显然是想如法炮制,在其他各处效仿大同之事捞取钱财。

总之,也先第一次兵临大同,城中主要将领不听约束;第二次兵临大同,又有人泄露机密消息。被从前坑到后的郭登不禁大恸:"驽材果败吾事!"而从不久以后刘安"借他故"还京师可以看出,连番坏事的人很有可能就是这位庸才刘安。

由宣府和大同两地的事来看,对待贪婪的敌人,一旦示弱,将是噩梦的开始。唯有一开始便坚定决心,心存决不投降、决不妥协的信念,才有可能让敌人不敢轻视你,惧怕你,并最终离开。

瓦剌军队在宣府镇城下碰壁的同一天,也就是正统十四年八月十七日,土木堡战败的消息传入北京,京师大震。次日,皇太后命令明英宗的弟弟郕王——后来的明景泰帝朱祁钰监国。在最初的慌乱中,明帝国中央政府并没有很快拿出统一的决策。郕王命令群臣商议战守方略,侍讲徐珵夜观星象,认为星象有变,京师应当南迁。就在大家莫衷一是的时候,如中流砥柱般的名臣出现了,他就是于谦!

于谦厉声呵斥道:"言南迁者,可斩

也！"接着请取两京、河南备操军，山东及南京沿海备倭军，江北及北京诸府运粮军，亟赴京师。自此"人心稍安"。随后，于谦被任命为兵部尚书。

于谦被任命为兵部尚书是土木堡之变的一个转折点，同时也是明帝国掌握战争主动权的开始。其实如果当时明帝国南迁，则会正中瓦剌的计谋。因为也先确实有攻占北京之意。《明实录》载，大同总兵官都督同知郭登奏：送自虏中还者白叵罗至京，言也先会众议云："北京已立皇帝，要领人马来交战，终无讲和之意。我今调军马再去相杀，令彼南迁，与我大都。"而也先得知明帝国毫无讲和意图后，当即调集兵马，打算"再去相杀"，迫使明帝国南迁，恢复故元大都。

在也先调兵遣将，攒着劲攻打北京时，明帝国唯一要做的就是和也先在时间上赛跑。面对惨败以后军政残破的形势，明帝国要赶在也先入犯京师以前做足准备。就在这个关键时刻，明帝国沿边的将士用自己的生命诠释了"忠勇"二字，为北京的备战争取了足够的时间。

也先自大同东进以后，于十月四日到达紫荆关北空地。五日，投降瓦剌的内官喜宁率领也先部前哨进入紫荆关北口。明军严阵以待，与蒙古军相持四天，蒙古军一直无法突破明军正面防线。但是，当时

◎ 紫荆关长城及地势

的紫荆关尚不完备,还有很多能通往关内的小路。加上由于明帝国建国几十年来从来没有蒙古军能侵犯至此,所以这里武备松弛,军士战力不堪。土木堡之变后,景泰帝下旨堵塞山口,但是在那么短的时间内,明军不可能将可通人马的隘口完全封堵,紫荆关依然像筛子一样四处漏防。虽然紫荆关先后有于谦调遣的一万二千余人把守,但是由于可通人马的隘口众多,守军分散防守,再加上太过仓促,所以当也先攻打主关口时,守军到达自己岗位的人还不到十分之一。也因此,在也先凌厉的攻势下,守军纷纷溃逃。就在这一危急关头,山东都指挥同知韩青奋力挥舞帅旗,招得劲骑百余,晓以忠义,仅率领百余骑兵,纵骑驰突,与瓦剌军大战于升儿湾,并手刃数名蒙古军。韩青的骁勇成功地吸引住了敌军,引得蒙古军纷纷来战。韩青在乱军之中突中流矢,却仗剑屹然不动,居然自午时战至申时,打了将近四个小时,而且明军不但没有崩溃,反而"转战益力"。之后蒙古军凭借人数优势围之数重,想要招降韩青,不料韩青勃然大怒,破口大骂道:"我背忠义而狗汝乎!"说罢便引刀自刎。韩青死后,右副督御史孙祥又率领未奔逃的残兵凭关坚守长达四日。最终蒙古军眼见无法正面突破紫荆关,便找到还未封堵的其他道路,绕到守关明军背后。腹背夹攻之下,明军逐渐不支,紫荆关遂破。关破后,孙祥并未奔逃或投降,而是再次督兵与敌人展开巷战,最终因寡不敌众,力战殉国。韩青、孙祥二人自始至终保全了对国家的忠诚,用自己的生命为北京换来了宝贵的四天时间。

十月初九,也先所部突破紫荆关,至京师的路线再无一点障碍。也先纵骑狂奔,两日行二百余公里,在十月十一日到达了卢沟桥,这是北京保卫战的开始。而此时的明军,已不再是之前的狼狈之师。

从八月二十日开始,大约前后五十日的时间里,于谦一共调整将领约六十人。

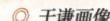
◎ 于谦画像

因为土木堡之败而被关入大牢的杨洪和石亨被重新起用,这二人是北京保卫战的灵魂人物。此前,在紫荆关死战的硬汉子韩青也是在于谦的任命下赶往紫荆关的,可见于谦看人颇为准确。

于谦的另一个措施是加固城防并在北京城外设置障碍物。明军于城上、城垣、堞口新设门扉一万一千有余,沙栏五千一百余丈,以阻击瓦剌军。

于谦最重要的措施就是调兵。在五十天的时间里,于谦一方面整顿京内残兵,一方面调集备倭军及河南、山东备操军入卫,并且从通州的粮仓筹备了足够的粮草以补给军需。这些工作都在五十天内完成,不得不说是一场浩大的动员运动。终于,在紫荆关被破前夕的十月初八,于谦将一切安排妥当,可见孙祥及韩青的坚守是多么重要!

当时于谦在京师九门一共部署了二十二万大军。总兵官武清伯石亨守于德胜门,都督陶瑾守于安定门,广宁伯刘安守于东直门,武进伯子朱瑛守于朝阳门,都督刘聚守于西直门,副总兵顾兴祖守于阜成门,都指挥李瑞守于正阳门,都督刘得新守于崇文门,都指挥汤节守于宣武门,皆受石亨节制。于谦身为北京保卫战的最高指挥者,亲自披挂甲胄,晓以忠义,诸军感泣,战力高昂。随后于谦又下令关闭京师城门,以示背城死战的决心。

土木堡之战以后,也先认为明军皆不足惧,认为明军主力在土木堡被消灭,明帝国京城旦夕可破,于是不顾攻打紫荆关后士卒疲惫,需要休整,竟然两日急行二百公里,让瓦剌铁骑人困马乏,军队士气受到很大影响。疲惫的也先部看到严阵以待的明军,士气更为低落。针对这种情况,"叛阉"内官喜宁再次动起了脑筋。他唆使也先让明朝大臣前来迎驾,索金帛以万万计,又邀于谦及王直、胡濙等出议。但是明帝国只派遣了官职低微的王复、赵荣朝见明英宗,以示绝不妥协之意,"也先气益沮"。和谈的可能彻底破裂,战争不可避免地开始了。也先开始通过紫荆关向北京方向集结主力。

十月十三日,北京保卫战正式开始。战斗首先在德胜门外打响。也先军先以小股骑兵窥探德胜门,于是于谦在德胜门外两旁空房内设伏,并先派遣数骑迎战,佯装败走,诱敌深入。也先军中计,派遣万余骑兵直追,此时道路两侧空房内伏兵骤起,击发神炮火器,也先骑兵力不能敌,只得撤出德胜门。德胜门之战明军虽然击

退了也先军，但是明显没有对瓦剌造成巨大的杀伤。瓦剌在撤出德胜门以后，马上南下至西直门。孙镗前往抵抗，甚至手刃瓦剌前锋数人。此后也先军佯装北撤，孙镗中了也先军的计谋，追了出去。随后瓦剌增兵包围孙镗，孙镗力不能敌，且战且退，重新退到西直门，想要入城。但守城官程信严守于谦的命令，坚决不许孙镗入城，只是命令城头守军发箭炮协助孙镗。孙镗只得抱着必死成仁的决心与瓦剌军死斗。俗话说天无绝人之路，最终高礼和毛福寿前来救援，不久石亨也分兵前来救援，瓦剌退兵了。

十月十五日，王敬、武兴率领部众列阵与也先军战于彰义门。武兴以神铳列于前，弓矢短兵次之，报效内官数百骑列于后。连太监都骑马上阵，可见明军临时拼凑的成分。也先军到来后，明军以神铳轰退了也先军。不料敌军刚一后退，内官报效者就为了争夺战功，纷纷跃马而出。虽然临时征募的内官队伍漫无军纪也在意料之中，但是这对明军造成了致命的伤害。因为报效内官骑兵的乱冲，也先军见有机可乘，乘势杀回。明军阵破大败，被瓦剌军一路追逐至土城下，都督武兴中箭战死。紧要关头，王竑与毛福寿急忙来援，也先军眼见无力攻下北京，明军勤王大军又渐渐接近京师，不得已率军退出北京地区。

得归者十之二三

也先军的退军路线十分值得解说。根据《明实录》记载，在也先退却的同日，即十月十五日，居庸关遭到了鞑靼之未入关者（即阿剌知院）三万余人的攻打。如前面所说，撤军的也先同样加入了攻打居庸关的战团。史料记载"十五日，虏去。伯颜帖木儿奉上皇出紫荆，也先出居庸攻关共五万余人"。然而此记载中伯颜帖木儿先奉明英宗出紫荆关当为谬误，因为根据《西关志》，也先在进攻居庸关不力以后才"转寇紫荆"，可见也先军并没有先过紫荆关。那么就是说，当时居庸关被外部的阿剌知院和内部的也先共八万余主力攻打，战况十分惨烈。当时守卫居庸关的守将为副都御使罗通，罗通据城固守，视死如归。在瓦剌两部猛烈的攻打之下，居庸关西南隅栅突然颓圮，罗通急命老弱浇水灌城，当时天气寒冷，滴水为冰，冰城立成，吓得瓦剌军不敢靠近。僵持七日后，居庸守将潘成、赵玟认为，居庸关兵力不足，守军以客军和募兵为主，长此以往，居庸关一定会沦陷，与其坐以待毙，不如奇兵巧出，歼敌于不测。于是明军选择了夜袭。明军观察到，瓦剌军夜间休息时，二人共宿一革囊，睡于两马之上。这样一旦有警，只要有一人惊醒，就会连带叫醒第二个人，并且快速上马。瓦剌军夜晚宿营的时候用精锐重装骑兵将其他军队围在当中，以为屏障。另外每骑随一犬，有警则以犬吠为号。如此小心谨慎的军事部署，若要夜袭瓦剌大营，以明军现有的兵力，实为不易。于是罗通煮了不少熟羊肉，然后下药。在后半夜的时候，罗通命令"夜不收"悄然靠近瓦剌军边缘，持羊肉投喂恶犬。狗吃了下药的羊肉，纷纷中招倒地不起，明军用石块掷之，活狗

力挽狂澜的北京保卫战

已然成了死狗。于是明军用绳索连套铁骑马足,使其不能任意奔走。一切准备就绪之后,胜利女神慢慢偏向明军的一边。

准备充分的明军主力悄悄打开居庸城门,涌入瓦剌军营。在瓦剌军毫无准备的情况下,明军环绕也先军大营,突然举火鼓噪,杀声震天,并举火炮四面乱击。迷迷糊糊不知道发生了什么事情的瓦剌军大惊失色,纷纷准备上马迎战。然而正在休息的战马受到明军火把、鼓噪和大炮的惊吓,变得狂躁而不受控制。战马嘶鸣,咆哮跳跃,欲要脱离此地,殊不知越是跳跃挣扎,明军套在马足上的绳索收缩得越紧,使得被裹在重装骑兵内部的瓦剌人更加无法突围。明军眼见时机成熟,纷纷架炮轰击外围瓦剌铁骑,瓦剌军人马在铁骑圈内自相践踏,死者数千,蒙古军大溃。明军乘胜追击,三战三捷,俘虏瓦剌军统帅那吉帖木儿,斩夺人马盔甲以及弓箭数以千计,并夺回了瓦剌军所掳掠的京师城外居民。居庸关内的也先主力溃散后直奔紫荆关,居庸关外阿剌知院部也远遁,居庸关之围遂解。但也先没想到的是,他的噩梦还没有结束。由于在居庸关耽误时间过多,明将石亨的追兵在也先溃逃时正好在紫荆关追上了他。也先军当时新败,军心本就不稳,也先亦惧怕石亨的追击。石亨利用他的这种心态,派遣间谍假意投降,到也先军营中,对也先说,石亨尚未至阵中,如今在阵中的统帅是假石亨,是来震慑你

◎ 居庸关长城

明帝国边防史：从土木堡之变到大凌河血战

◎ 居庸关城楼

的军心的。也先因为刚刚战败，判断力下降，听信了明军间谍的话，率军来攻石亨。石亨趁着也先掉以轻心的好机会，率领石彪并精骑数十名，突然奋声大呼，直贯也先阵中，左右驰突，如入无人之境。

这里要说明一下为什么石亨能用小股人马直突也先阵营。因为两军对阵中，阵形已经布下，如果有小股敌军在己方所料未及的情况下突入，低级指挥官没有上级命令不敢擅自脱离大军阵形，而指挥万人的高级指挥官很难指挥数万大军针对仅仅几十个人的袭击及时做出反应。石亨带着数十个人刀斧齐下，左冲右突，极大地扰乱了也先军阵形。明军见有机可乘，主力直突也先大阵，也先军大败。之前被瓦剌人劫去的羊马及财物也被明军缴获，而石亨部没有救出被掳百姓的记载也正好与罗通救出被掳百姓的记载相对应。此战后，石亨的威名为瓦剌所知，以至于骁勇善战的蒙古勇士都称呼石亨为"石亨爷爷"。从这以后，瓦剌军再也不敢深入明朝的内地。

另一野战力量杨洪也连连大捷。在也先从北京撤退后，杨洪奉命与孙镗、范广等人率兵剿灭京畿附近那些尚未后撤，仍然在大肆劫掠的也先军残部。杨洪等一路进兵先至涿州，于霸州与"残虏"相遇，大破之，夺回被掳人口万余，马牛羊不计其数。此后杨洪又于固安取得大捷，生擒瓦剌将领阿归等人。

这里特别要提一下北京之战中瓦剌方面的伤亡情况。在明代人的记述中，也先的部队损失相当惨重。"所掠羊马货物弃

力挽狂澜的北京保卫战

遗如丘陵,房号而奔,蹶枕藉,得归者才十之二三。"根据前文,如受到锦衣卫拷打的也先奸细所说,也先军在大同及北京保卫战中,战死病死的人达到万余,此为也先方面的记载。也先口中的战损是否准确,可以与明帝国方面北京保卫战中也先兵额折损的相关记载做对照。

在整个北京保卫战期间,对也先造成最大战损的明军当属石亨部。这个大同惨败的幸存者,在土木堡之变后,以失职的罪名被押赴京师审问。不久,也先长驱京师,此时有人向景泰帝推荐作战神勇的石亨,景泰帝命令石亨出狱,戴罪立功。于是整个北京保卫战成了石亨的舞台。

石亨统兵出安定门,遭遇瓦剌骑兵,石亨竟单骑挺刃而入,跃马左右驰突,"独杀数十人",其侄石彪随后手抢板斧,跃马跳入房阵,左右驰突。石亨、石彪的神勇极大地振奋了明军士气,诸军欢呼雀跃,声震天地。瓦剌不敌,向南退却,石亨却不依不饶,从城北一路追至城南,再次与蒙古军交战。蒙古军力不能支,向南溃退,此后石亨追打瓦剌三日之久,直至紫荆关,终于再次和蒙古军进行了大规模交战。勇猛的石亨及部下奋声大呼,手拿板斧直冲蒙古军阵,刀斧齐下连杀敌军数百人。石亨凭借此战成为北京保卫战中战功最卓著的将领。《明实录》记载:"以武清侯石亨缴功次。册内将当先一万九千八百八十人升一级,阵亡者三千一百一十八人升二级。"这是战后明帝国对石亨部的封赏。北京保卫战时期的赏赐标准是:"敢勇当先,生获贼一名,或斩首一级,军民官总小旗甲军人升一级。"(也先攻入北京之前景泰帝之命令)也就是说,升一级的条件便是杀死或者生擒蒙古军一名。那么按照这个标准,石亨一部杀伤、俘获的瓦剌军在19880人以上。

除石亨部外,宣府总兵杨洪所率明军也对瓦剌军造成了很大的杀伤。北京保卫战期间,杨洪曾率军六万追击败退的瓦剌军。杨洪一路追至拗羊山,击败其众,斩首数百级,俘虏敌酋阿归等人。

不过,明军的斩首数实际上要比真实的杀敌数少得多。因为蒙古素以拖回同伴尸体为战场首功,这是游牧民族的传统,比如匈奴人就规定谁带回战死者的尸体,谁就可以分享死者的全部财产。因此,如果明军在一战中斩首数百级,那么瓦剌就可能付出了十余倍甚至更多的死伤。据推算,杨洪一路对瓦剌的杀伤数当为一二万之间。

结合前文,也先攻击北京时,大约有十万之众,奔逃到居庸关时仅余五万余人。石亨部和杨洪部作为明军主要野战队伍,共同的战绩大约在三万到四万间。因此瓦剌方的兵力损失与明军的战绩正好能够对应上。

一般来说,按照军事常识,最后掌握战场的一方宣布的战果更接近真实。如果这个战果能与对方兵力损失情况对应上,那就更具说服力了。因此可以说,在北京保卫战中,瓦剌阵亡人数在三万人以上。那么为什么也先方面只承认一万多的己方战损呢?这其实也很好理解。这类具有裹挟被征服者性质的联军,往往只会计算己

War Story · 73

方核心力量的损失,对仆从势力或部落的损失则会无视。由此看来,也先方所承认的一万多损失,很有可能仅指瓦剌本部的损失,至于鞑靼、兀良哈、哈密、沙州乃至女真仆从军的损失则被无视了。

另外,史料中还有一个重要分歧,那就是北京保卫战最后一场大规模战斗的记载。当时也先即将折返,于谦组织城头大炮炮轰也先营,毙敌众多。关于于谦到底用大炮打死了多少瓦剌军,一直有两种说法。一个是《国朝献征录》中王世贞为于谦撰写的传记,关于于谦在北京保卫战方面的记载较为详细:"(于谦)亟擐甲,统大营,营于德胜门外。诸门皆有兵,总二十二万。虏见我兵胜而严,不敢轻犯,以数骑来尝我。谦乃设伏于空屋,使数骑诱虏,虏遂以万骑来薄,我伏发败之。孙镗毛福寿复败之西直门。谦使谍谍上皇,銮驾远。夜,令人以火炮击其营。死者千计。贼遂退。"而另一个则是倪岳为于谦撰写的神道碑,记载于谦在最后一役举炮击死敌军万余:"敌觇我军严整,不敢有加于我,我亦不敢向敌轻发一矢。喜宁嗾额森邀大臣出议和,且需金帛万万计。盖强所难从,以起衅耳。对垒凡七日,是为十月既望,敌移,麾群渐远,乃举炮击敌营。敌死炮下者万计。额森大沮,宵遁。京师解严。"

此两方史料记录相差较为悬殊。根据前文对明军杀敌数和也先逃至居庸关时的军队数量的分析来看,王世贞关于于谦在最后一役中举炮击死敌军千计的记载较为可信。

北京保卫战最终以明军固守城池,主动出击并大败瓦剌军结束。明将在沿线的关隘均进行了顽强的抵抗,有效地拖延了也先进犯京师的时间。明军在北京城下悍不畏死、英勇奋战,彻底摧毁了也先的嚣张气焰,挫败了瓦剌逼迫明帝国南迁的企图。此战守住了明帝国国本,挽回了明帝国的尊严,也对明帝国京师、京畿和九边地区的军事建设产生了积极而深远的影响。

边防线的重建与也先之死

土木堡之战的战败,无疑给明朝统治者敲响了警钟。他们终于意识到瓦剌已经成长为一股能在一个方向上投入十几万骑兵的强大力量。由于之前对瓦剌的威胁估计得不足,明帝国北方防线已经无法满足当时的边防需要。正所谓亡羊补牢,为时不晚,在这次惨痛的教训之后,宣府镇乃至整个九边地区都开始大规模修筑军事建筑,以应对未来可能出现的威胁。修筑时间跨度一百余年。

以宣府为例。其实在土木堡之变后的第二个月,虽然明蒙之战依然在如火如荼地进行,但是明帝国已开始有针对性地建设宣府镇关隘"堵漏"工程。正统十四年九月,明帝国堵塞雁门关地区可通人马的关口,修筑城垣,修凿壕堑,以"断贼来路"。次月,明帝国陆续在居庸、山海、紫荆等关修筑隘口,开掘沟堑,以防止"鞑贼"侵犯。进入景泰年间,随着明蒙战争中明军逐渐掌握主动权,瓦剌军无力再深入明帝国边境进行大规模劫掠,宣府镇的城堡建设迎来了一个小高潮期。当时明朝政府对宣府

力挽狂澜的北京保卫战

◎ 明代火药罐

镇的城堡和关隘进行了加固处理,并相应地增加了驻军人数,这为后来宣府镇的建设奠定了一定基础。

成化年间,宣府镇迎来了又一轮建设高潮。经历了惨痛教训的明帝国开始在宣府镇大规模修筑墩台以备战守及传讯,并着重强调了火器在人数较少的墩台守备中所发挥的重要作用。明帝国规划每二里即修筑一墩,外掘壕堑,两月共完成一百二十座,联络二百四十里,每墩用守军十人,并装备火器,以备战守。余子俊在成化十年经略延绥时大修墩台的效果非常明显,以至于十余年间蒙古军队都不敢大规模入犯延绥地区。有了如此成功的案例,明帝国便开始大修墩台,从延绥一直扩展到整个边境地区。

永乐时期的边防概念认为每十里、数十里一个墩台便足以抵挡蒙古部。到成化年间,逐渐发展到了每二里就要修筑一个墩台。虽然仅在成化年间尚不可能将这一概念全部实现,但是也可以从中看出明帝国边防思想的进步。同时,余子俊强调了火器在守卫墩台中所起的作用。明帝国早期火器的最大射程已达到三四百步,其火力网正好可以覆盖两座墩台之间的距离。余子俊的建议是明代边防建设的里程碑,这之后的军事设施建设都离不开余子俊的治边思想。

既然余子俊对墩台的数量和质量都提出了要求,那么明帝国沿边墩台的建设到底如何?正德初年,宣府镇的边境线共长1865余里,有墩台984座,守瞭官军共6888员,附郭(军堡周围)腹里墩台19座,四卫所分守。明初宣、大两镇的总墩台数不过360座,到正德年,仅宣府镇的墩台数量便达到千余。而且根据《宣府镇志》的数据,墩台多设置于不靠近城市的野外。野外墩台的修筑,有效地加强了明军收集和发出讯息的能力,同时也可以有效阻击原来可以在平原上任意驰突的蒙古骑兵。墩台上完善的火器和生活物资,也给明军长时间驻扎墩台提供了可能性。

嘉靖中期,宣府镇的墩台数量进一步增加:沿边共有一千零七十一座,守瞭官军六千四百三十五名;腹里六百四十九座,守瞭官军一千一百九十二名;镇城腹里墩台五十三座,守瞭官军二百六十五名;总计为一千八百座,塞垣已成全险。也就是说,

明帝国边防史：从土木堡之变到大凌河血战

◎ 明代万里长城

到了嘉靖中期，明帝国塞垣的军事体系才基本完成。实际上，隆庆以后，明帝国依然在增加墩台的数量。

就如前文所说，军堡、墩台、关隘、边墙，共同组成了长城军事体系，其中最重要的部分便是边墙，即我们平常所说的"万里长城"。

明代第一次大规模修筑边墙是在成化年间。成化五年，总兵官都督同知颜彪主持修筑了宣府镇的墩台、边墙及壕堑。这次修筑，让宣府镇的边墙长度从正统十四年以前的仅一百一十里延长到了六百三十七里左右。弘治、正德年间边墙亦有修筑。

长城体系的真正初步形成，却是在嘉靖年间。当时由于与蒙古部的矛盾冲突激化，明帝国边境环境逐渐变得恶劣。为防止蒙古骑兵渗透入明帝国内地进行劫掠，宣府镇开始大规模修筑边墙。嘉靖十九年，筑宣府镇诸路墩台一百二座，边墙二万五千丈，铲山砌崖四万五千丈。二十六年，又修筑急冲张家口、洗马林、西洋河边墙五里,削垣崖二十二里,并增加壕堑。再修次冲渡口柴沟、中路葛岭、青边、羊房、赵川,东路永宁、四海冶边墙九十二里,并修筑敌台等军事建筑。同年,又自西阳河镇西界起,东至龙门所灭胡墩止,修筑边墙七百一十九里,敌台七百一十九座,暗门六十个,水口九个。三十年,再筑边墙二百三十余里。隆庆以后虽然各有增修,但是均不及嘉靖时期。

可见,如今所说的万里长城,实为嘉靖时期的产物。长城军事体制的完成极大地改善了明帝国的边防形势。在蒙古部落每年"例行"劫掠时,明帝国的防御、传讯、阻击和反击慢慢趋向主动。所以虽然明中期卫所屯田制度逐渐败坏,但是明帝国依然可以顽强地守住长城一线。明人在总结长城这一军事体系时这样评价道:

"夫长城之未城也。塞下粟有斗数钱者乎。塞下人有舍内郡而愿傲居塞下者乎。塞兵有一非坐食官廪给地自养为官战守者乎。一遇伍缺清勾拘摄如捕罪人,有招募一呼千百群集者乎。帑金至重也,辇输有遇掠者矣。巡察使宪臣也,行部有遇害者矣。赴薄计即如探虎穴,转商贾即如临重垒,洪蔚内地也。虏至境而烽火不闻,朔州开府也。虏入塞而声闻永隔,今时亦有之乎。"

此段写出了明帝国边境有无边墙的时期的鲜明对比,既说明了边墙之利,又描述了明初没有长城之时边境地区糟糕的防御效果。虽然在明代历史中从来不缺乏蒙古劫掠内地的记载,边墙修筑完成以后,也有蒙古部"毁墙而入",但是明代的边防环境,在长城体系初步完善以后,无疑有了非常明显的好转。粮价降低,百姓愿意居住于边塞,军士士气提高,境内治安改善、经商环境改善等,都是长城体系完善的结果,很多人仅仅把目光放在长城的修筑劳民伤财,认为长城效果不明显,其实是错误的。如果没有长城体系作依托,明帝国的边境环境只会更恶劣,绝不会有好的发展。长城,无疑是中国历史上最成功的建筑之一。

总之,在土木堡之后,明帝国痛定思痛,吸取教训,积极布局,终于初步完善了九

◎ 土木堡场景蜡像:瓦剌士兵在劫掠

边体制，让明帝国的边境政策和边境环境从此走向了崭新的一面。

至于瓦剌方面则是另一番景象。土木堡之战的大获全胜，让瓦剌从明朝那里夺得了大量的辎重和军械。明帝国尤其是宣府镇地区损失惨烈，"以致数年之经营，数十万之积蓄，一切委绪草莽"。甚至在北京保卫战结束以后，蒙古部依然不断从独石城中搬运辎重返回漠北。但是瓦剌的满载而归却没有让它的内部更加团结，而是加速了它的分裂。

在北京保卫战后不久，脱脱不花和阿剌知院便在没有通知也先的情况下，遣使与明帝国通好。脱脱不花并不是一个无能之辈，他不甘心身为一个堂堂的蒙古可汗，却受到非黄金家族的也先的制约，因此他一直在慢慢地暗中积累自己的势力，以图振兴黄金家族。

土木堡之战前脱脱不花的军事行动就很能说明问题了。正统十四年六、七月，瓦剌分四部伐明，其中蒙古名义上的共主脱脱不花王率大军直入辽东。也先派遣脱脱不花入寇辽东，但是脱脱不花并没有率其所部入犯，而是命令兀良哈所部进犯。脱脱不花为什么暗地里不遵守也先号令，只让兀良哈部"象征性"地入犯呢？原因就在于也先的跋扈。脱脱不花是也先拥立的可汗，并无实权，早已对也先架空自己有了芥蒂和强烈的不满，于是就以此来反抗也先的命令并保存实力。那么可以说，瓦剌原先的计划实为分兵三路伐明，即一路由也先率领进攻大同，一路由阿剌知院或脱脱不花率领进攻宣府，另一路进攻甘州。这样的分兵，实际上是瓦剌内部分裂的初步体现，也为瓦剌后来的衰亡埋下了伏笔。

其实脱脱不花的举动也加深了也先对他的怀疑，而东蒙古对非黄金家族的瓦剌也早已心存不满，再加上也先征伐明帝国导致兵力受损严重，一向敢怒不敢言的东蒙古部也开始"敢言甚至敢动"起来，矛盾逐渐升级。双方最终因册立蒙古太子的问题而彻底决裂，脱脱不花率先起兵攻击瓦剌，也先竟被打得连连溃败，其领导的卫拉特四部面对战斗十分恐惧，竟互相商量是否要直接投降。脱脱不花及东蒙古实力之强大，已足以和蒙古的实际统治者也先相抗衡，也从侧面说明了进攻明帝国让也先的直系军队造成了大量减员。但是，后来形势急转直下，特凌古斯的阿卜杜拉认为脱脱不花汗"有智"，"不可图"，阿噶巴尔济济农（脱脱不花的二弟，"济农"蒙古语意为"君王"）性愚，可试谋之。于是瓦剌利用脱脱不花与阿噶巴尔济济农之间的矛盾，以汗位为诱饵，拉拢济农，济农不顾其子、也先女婿哈尔固出克的反对，悍然对脱脱不花出兵。明景泰二年十二月底，脱脱不花虽奋勇拒战，无奈兵已溃败，于是骑着黑松黄马，仓皇奔至肯特山，渡过克鲁伦河，逃往兀良哈，投靠其休妻之父彻卜登。彻卜登惧怕也先，最终将脱脱不花杀害。

脱脱不花死后，也先履行之前的诺言，拥立阿噶巴尔济为可汗，又自立为济农。但是阿噶巴尔济从即位伊始就已经难逃傀儡的命运，瓦剌甚至嘲讽阿噶巴尔济"类

力挽狂澜的北京保卫战

◎ 清代与清军鏖战的准噶尔人就是卫拉特蒙古的后裔

若畜牲",称其为"阿噶巴尔济济农之驴"。明景泰四年,也先设谋,修建了相连的二大室,在后室挖掘大坑,用大毡覆盖。又宴请阿噶巴尔济,待其人马依次入内以后,瓦剌部勇士齐声大呼,擒杀阿噶巴尔济一行,然后掷于后室的大坑中。在此次事件中,阿噶巴尔济的亲信三十三人都被杀死。杀死阿噶巴尔济及其羽翼以后,也先并没有收手,"凡故元头目苗裔无不见杀"。也先此举使得东西蒙古的联盟彻底破裂,也为其称汗清除了最后的障碍。

景泰四年夏秋间,也先终于自立为汗,自称"大元田盛大可汗",建年号为"天元",并封其次子为太师。也先自此走上了蒙古人的权力巅峰。但是这一切都是也先透支部族对他的信任来实现的。也先本身就是一代枭雄,他自视甚高,并没有想过在政治上与被收服的东蒙古合作,而是一味地以军事优势迫使东蒙古低头,这就让表面上统一的蒙古部并没有走向一个政治共同体,而是仅仅维持了军事上的联合,这是后来瓦剌分崩离析的最大原因。同时,也先行事果断甚至偏激。土木堡之战以后,他的野心膨胀到了无法挽回的地步,史载"也先恃强,日益骄,荒于酒色"。俘虏明英宗归来以后,也先完全抛弃之前拥戴故元宗室的表面功夫，肆意地杀戮故元苗裔。他不仅对东蒙古部族如此，甚至连瓦剌本部首领也不放过。例如，也先遭到脱脱不花的攻击，首战不利时，盛怒杀死了昂克平章，使得整个蒙古联盟离心离德。故当脱脱不花起兵攻击也先时，东蒙古首领纷纷倒戈支持脱脱不花，甚至连也先营的三万人都相继反叛，归附脱脱不花。当时不论东西蒙古，都对也先的残暴和自私产生了极大的厌恶，也先对蒙古的统治岌岌可危。最终，压倒骆驼的最后一根稻草降临了。

明景泰五年，瓦剌右翼首领阿剌知院、左翼首领帖木儿来到也先营中，请求也先道："你现在既然是整个蒙古部的可汗，阿剌知院劳苦功高，应该让他当丞相。"而也先居然说："我没有想到你会这么说，我已经把丞相之位给了我的儿子。"由此可见也先政治能力的低下和自私。阿剌知院作为也先的丞相，一直忠心耿耿跟随也先，但是也先对于阿剌知院这样忠诚的部下都不信任，甚至连副手之位都要给自己的儿子，这彻底让阿剌知院崩溃了。阿剌知院感觉自己对瓦剌付出的心血全都付诸流水了，他愤怒地说："看你们父子二人怎样治理整个蒙古！"

阿剌知院旋即离开。已经被说到这个份上，也先不仅不想办法解决内部矛盾，反而进一步破坏。也先萌生了削弱阿剌知院的想法，很快就用计毒死了阿剌知院的两个儿子。阿剌知院忍无可忍，起兵三万攻伐也先。也先经过数次大规模用兵，兵力不足，猝不及防，兵败被杀，从此瓦剌一蹶不振，最终被崛起的东蒙古部消灭。

土木堡之战瓦剌的胜利并没有给蒙古部带来军事和政治上的统一，也先的野心和贪婪最终葬送了自己，也葬送了自己的部族，一代枭雄如此落幕，不得不说是一种悲剧。

究其原因，也先与瓦剌的悲惨结局与其在土木堡之战和北京保卫战中"用力过猛"不无关系。对蒙古部族来说，土木堡之战是一场辉煌的胜利。但如之前所说，无论是瓦剌本部还是仆从的蒙古部族，都在此后的北京保卫战中付出了惨重代价。虽然在之前的胜利中，瓦剌军队所得颇丰，但是也先在胜利后暴露出居功自傲和自私吝啬的本性，把大多数战利品据为己有。草原上的法则是遵从强者，但前提是这个强者能给追随者带来好处。现在其他部族付出了惨重伤亡却没有什么收获，不免对也先心怀怨恨。加之也先军的核心部众也损失不小，这就等于也先在自身虚弱的时候又遭到了别人的怨恨。虽然也先能够凭借以往的威势和土木堡的胜利暂时压制这种怨恨，但仇恨的种子只要种下，就必将结出复仇的果实。

总之，土木堡之战以及紧随其后的北京保卫战可谓影响深远。其实这两次战役的政治意义远大于其军事意义，它彻底改变了明帝国边境的军事体系框架，也改变了蒙古部的政治格局，甚至影响了明蒙双方数代人的命运以及明帝国未来的国运。其经验和教训，到现在依然值得我们去学习和借鉴。

从土达之乱到红盐池之战

CONG TUDAZHILUAN DAO HONGYANCHIZHIZHAN

◎ 邓克钰

明景泰五年（公元1454年），随着也先于内讧中被杀，瓦剌与明帝国的恩怨情仇终于告一段落。但是，明帝国与蒙古诸部的纷争却没有结束，反而越发复杂。也先死后，瓦剌迅速衰落，蒙古也再度陷入纷繁跌宕的政治斗争。

此后，鞑靼喀剌沁部孛罗忽、翁牛特部毛里孩以太师身份拥立鞑靼小王子重组汗庭，但蒙古始终保持着四分五裂的格局。接着，阿罗出、乳加思兰、亦思马因等势力迭相兴起，直到达延汗异军突起，蒙古高原上数十年走马灯般的政治乱局方才结束。另外，因为明初防线战略收缩、东胜卫内迁而暴露于蒙古铁蹄下的河套地区，也在这一时期进一步沦为了蒙古诸部自由进出的屯牧地带。

不过，彻底回到游牧生活模式的蒙古人，因为游牧经济低下的生产力与蒙古高原上资源的贫乏，又不得不依托稳定的朝贡贸易以及与周边民族的物资交流来弥补游牧经济的不足。但之前瓦剌挑起的战端与其统治的土崩瓦解，使得蒙古诸部无法获得朝贡贸易，又没法作为一个整体与周边民族进行物资交流，因此，对中原地区的侵袭成为其获得生活物资的主要途径。成化年间吏部尚书李贤言："胡虏为中国患不过苟图衣食而已，往往每岁进贡，赖此赏赐衣食充足不来侵犯……衣食无所仰赖，遂至穷困。所以数来犯边……"这个观点其实有些片面，因为这种说法无法解释为什么之前瓦剌在能获得朝贡贸易和物资交流的条件下还要发动南侵。但不可否认的是，也先政治野心的终结并没有带来边关的安宁。相反，蒙古诸部与明帝国围绕边疆物资的劫掠与保卫又展开了新一轮的兵戎相见。据统计，成化年间蒙古诸部对九边大大小小的侵扰多达近四十次，几乎是土木堡之变前的三倍。当河套那块抵背扼喉的战略要地也被蒙古人充当入寇跳板后，毗邻河套的陕西三边，即甘肃、宁夏、延绥，还包括后来的三边总制府驻地固原地区，都成了边患的重灾区。正所谓"山崩钟应"，在当时，"套房"、"套患"开始兴起，一场与之紧密相连的蒙古内附部落的叛乱也开始酝酿并爆发。这场叛乱被明朝政府称为"土达之乱"。

祸起萧墙：固原土达之乱

土达，顾名思义即为"土著"的"鞑人"，泛指明庭安置在西北部的蒙古族裔。明初时期，蒙元势力在西北地区的瓦解造成了大批鞑人内附明朝。明政府考虑到这批前朝降众特殊的身份，对其安置政策进行了一番慎重的安排。明洪武初年，中书省臣认为，归降的蒙古人的忠诚不能保证，一旦发生战争，很可能会叛乱倒戈，这样对守边的官军十分不利，所以土达应该居住在内地，而不是边地。明太祖却主张道，应该要顺胡虏的习惯而治之，如果强制让他们迁居内地，环境的不适应反而会让他们产生叛乱的想法。于是在朱元璋的决策下，位于明蒙战线的西北边陲成了这群故元降夷的聚居地。

在此基础上，明廷还进一步发掘了土达诸部在抵御蒙古南侵方面的战略价值，

从土达之乱到红盐池之战

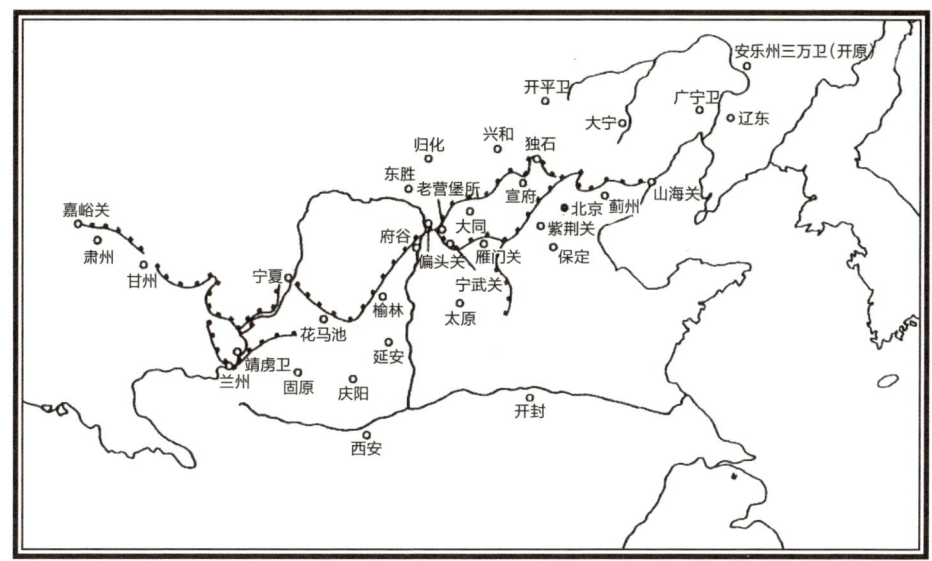

◎ *明朝九边地图*

明军开始招募健壮的土达加入战斗部队。比如宁夏和灵州等处的边防，边地一旦有警，明军多借助土达的力量来驱逐蒙古人。效力于明朝的土达士兵称为对明朝边军兵员的补充，而且土达强悍的战斗力也为明朝边将所有目共睹。兵部尚书白圭在《军务七事疏》中就曾称赞"陕西平凉及高桥等处多土达土人善射敢战"。

然而，之前相关官员对归附的西蒙古人不宜居住在边地的担忧不无道理。明朝势力在西北地区如日中天的永乐朝就发生过土达叛逃事件。永乐九年，甘肃总兵官西宁侯宋琥在奏疏中报告称有归附的蒙古人因流言而叛逃。他把此事归因于"无籍之徒造言鼓惑"，但同时向土达发出警告，若再有任何叛逃行为，明军将毫不犹豫地诉诸武力。这里面蛊惑土达叛逃的"无籍之徒"很有可能就是明朝治外的蒙古部民。土木之变后，类似现象愈演愈烈。土达三五成群的叛逃行为，也预示着不久后在边关恶化的形势下这些蒙古部族的大举倒戈。在边防线千里，水草茂盛，畜牧繁多，内忧外患的固原镇，反叛的暗流也越来越汹涌。

成化初年，毛里孩纠合各部南侵，在土达部族的居留地烧杀掳掠。土达李俊却私自拿出羊酒招待来犯的蒙古人。毛里孩甚为欣喜，将马匹赐予李俊。鞑靼太师的赏识，让有着蒙古血统的土达萌生起反叛的念头。成化四年（公元1468年），巴丹部土达头目满四因包庇盗贼、杀害官员被官府缉捕。在李俊的煽动下，目无法度的满四下定了"起事从北"的决心。当时明朝官府还在追究先前满四及其团伙的抗法行为，遂派遣平凉卫指挥佥事、满四的侄子满瑃带领二十余人前去缉捕。一行毫无防备的衙差去抓捕满四自然如狼入虎口。除了满瑃与另外几人被劫持外，剩余人员均被土达杀害。自此满四挑起了叛明的大旗，自封"招贤王"，封李俊为"顺理王"。他们在一日之内便召集了一千多名土达，披甲持弓，一路呼号，非常猖獗。短短半个月时间，隆德、静宁、会宁等地四千土达投入满四帐下。叛军先是在甘州一带大肆劫掠，后又进攻固原千户所。在战斗中，李俊被明军杀死，满四完全接掌土达叛军。之后，他率领部众转进地处固原山区的石城，占山为王，凭借着他之前偶然得到的"元代行帅府印"呼风唤雨。不过数月的时间，满四便纠集起两三万土达部众。甚至一度又有谣传称，满四曾通使过毛里孩太师，约定六月十五日合谋陕西。

满四起事无疑加剧了固原乃至整个明朝西北边境的紧张局势。如诸边的情况一样，明代中期，军屯开中制度为明朝边军带来的活力已经一去不返。日暮途穷的明朝卫所军制的种种弊端，造成了军士的大量逃亡与兵员素质的衰颓。成化八年，吏部右侍郎叶盛曾对固原的孱弱守备做出过这样的描述：靖虏卫、固原卫等各处，防备冬季虏寇入犯的官军仅仅只有八千人，而且老弱居多；堪战的战马仅有两千匹，步军三千人。

可以想象，被兵员缺额、战斗力衰退等问题困扰着的当方守备力量难以胜任平定土达叛乱的任务。除此之外，固原一带州县在成化二年毛里孩的入侵中损失惨重，

守备固原指挥使哈昭之前也在抵抗蒙古人的战斗中阵亡。

四月，靖虏卫分守参将刘清初征石城不利，最后以损失三百余人收场。陕西行都指挥使司随后又抽调了附近各卫总共三万兵马继续征剿，明军在石城外与土达激烈交战。不幸的是，指挥使申澄在交战中阵亡，明军再度败于土达叛军之手。

明军战况令朝野坐立不安，兵部紧急调派各路大军再行攻讨，调兵范围也扩大

◎ **明洪武十年大铁炮**

到了延绥和宁夏二镇。五月,陕西巡抚都御史陈介、总兵任寿与宁夏总兵官吴琮所率宁夏镇官军率先抵达。他们不等与延绥都御史王锐和参将胡恺的部队会合,便擅自向石城开进。这时候突然有土达数千出城十里请降,陈介竟信以为真。可当部队毫无防备地拥向城下的时候,城中却突然冲出数以千计的牛羊,土达精兵手持长兵相继而出。这时陈介才知中计,然而猝不及防的明军早已阵脚大乱。任寿、吴琮且战且退,率部退守东山。陈介轻率的冒进令明军蒙受了巨大的损失,除了死伤五百余人外,遗失军器辎重不下数千,其中丢失有大将军炮两座。没来得及撤出山里的汉军皆被叛乱的土达杀死,明军中的土达则被强逼入城中协同叛乱。

几战过后,满四统领的土达叛军的声势也如同滚雪球般不断壮大,周边凡系土达者一律归于其帐下。明军再度战败的消息传出,朝堂上下风声鹤唳,甚至传起了满四计划袭击陕西各府县的风闻,一时间人心惶惶。满朝文武悚然认识到,固原周边的守军难以抵挡这股加速膨胀的势力。八月,朝廷再次从京营及甘州、凉州、延绥、宁夏、陕西等地调集官军、土司军总计三万三千四百四十六人,由都察院右副都御史项忠统领,再度进剿固原土达。明廷还委派南京大理寺卿马文升接替陈介,以右副都御史的身份巡抚陕西,协助项忠剿灭土达。

马文升于九月初七出发,星夜兼程,九月十八到达陕西。自古兵马未动,粮草先行,马文升刚到陕西并没有立刻与项忠会合,而是对自己的部队晓以行军纪律,并调拨民兵防守城池以及运输粮草。他在陕西督办粮草,布防城池,部署完相关事宜后,于十月初一才赶到固原。马文升刚赶到固原,满四又耍了一个诡计。他在明军驻地外留了一纸文书,写道:如果朝廷允许我们居住在石城,并免除我们的粮税和赋役,我们就投降朝廷。马文升识破他的缓兵之计,加紧与项忠等诸将谋划攻城的方略。

土达诈降诡计的故技重施没有骗过明军统帅,不过满四手里还拥有一张足以抗衡明朝三万大军的底牌,这便是土达所据守的固原"石城"。传说此城前身为唐代吐蕃王朝修筑的"石城堡",唐将王忠嗣曾形容此城的险固"非杀数万人不能克"。石城一带地形突兀延绵,峻岭横生。满四因常在石城一带狩猎,深知此地有险可据。他选择扼守这片易守难攻的险要之地,等待蒙古部落在黄河封冻后穿越河套,南下策应。土达叛军占据该地后,在吐蕃石城的基址上增修了无数飞阁复道、长壕大堑,将四周的山峦峡谷纳入防御体系,甚至还在城外挖了一道深达丈余的壕沟,在整个石城周边构筑了一座坚固的要塞。马文升在其作品《西征石城录》中曾这样描述石城:"石城者,东西俱山,左山峭壁高数十仞,无径路,上者俱拽绳而登,西山顶平可容数千人。城中无水,有数石池。外设栈道,而栈道下则筑小城护之。前有小山,高亦数仞,如拱壁状,两傍空处并后面悉筑墙,高亦二丈五六尺,各留一小门,仅容单人马过之。"石城的铜墙铁壁外又有乱山环绕,地形恶劣得让人见之毛骨悚然。时至今日，千山万壑掩映下的固原石城遗址依然可为其当年的险恶证明。

先前轻举妄动的明军就是在石城的重垣叠锁下马失前蹄的，所以项忠和马文升意识到了这座要塞的坚固与轻取的无望。他们着手谋划攻城方略。在详细分析了石城附近的地形以后，明军统帅经过缜密的谋划，最终敲定兵分六路齐头并举的方案。在总攻开始前，执行侦察任务的延绥镇精锐与城外的土达有过一次小规模交战，官军以折损二十余人的代价换取了土达的大量伤亡，令叛军大为恐慌。

三日过后，连绵的军营里终于响起了进攻的号角声。几路明军齐头并举，大破前来迎战的土达部队，一路追击土达至石城城下，斩首叛乱土达二百余级，坠落山崖的土达不计其数，此战明军夺回铜炮、神机枪上千，牛羊马骡二千余匹。不过由于明军专注于夺取城外的物资，满四得以将残军收拢回城内。接下来的几天里，明军主队转入了攻城作战。同时，时年七十五岁的老将伏羌伯毛忠亲自挂帅，率军进据木沟。第二日他亲率四千甘凉精锐，配合进攻石城东南门的攻城主力，从东山路翻山越岭清剿石城外各山头上的土达叛军。这名老将命大军殿后，亲率二百骑冒着如雨注般的矢石长驱直入，对土达固守的炮架山发起突击。该处的土达面对精锐边军组成的明军前军毫无招架之力，当明军后军抵达时山上的敌兵已被悉数全歼。毛忠一鼓作气，又夺取了城西四峰。与此同时，中路明军虽然顺利地推进到了城下，

但攻坚阶段的局面却是举步维艰。明军曾四度攻上石城，但无一例外被顽强的守军击退。几次强攻过后，敌我都已疲惫不堪，毛忠部的支援成了胜败的关键。

眼看着毛忠部即将赶来支援项忠一路明军，以消灭西路山崖上的土达，当时明军在战斗中甚至都能隐约听见山上敌军家眷的哭声。然而战场局势瞬息万变，忽然间黄昏降临，山间云雾四起。一名明军哨官竟误向士兵发出了退兵的号令，使得局势转瞬间变得一发不可收拾。明军匆忙的后撤很快化作了一场溃败，土达趁势蜂拥而下，把山坡上身处前线的毛忠与寥寥数位将士团团围住。毛忠这位古稀之年的老将留下遗言："势不与贼众同世而立！"接着驾马冲向敌阵，捍卫起从戎五十年的荣誉。部众见状，无不在其感召下奋不顾身地向敌阵发起冲锋。残部孤军奋战至下午五点，毛忠已身中多箭，最终在连斩十余名土达兵后力竭而亡。曾经北伐草原、西征雪域的一代将星就此陨落。

边路毛忠军的溃败，令战场形势大变。石城上原本已经绝望到"相对而哭"的土达欢欣若狂，士气大振。土达全军开始了对明朝疲兵的反扑，截击毛忠的部队也向明军薄弱的侧翼包抄。顷刻间敌军如潮水般从西北两面袭来，一时全军大乱，明军见状纷纷后撤。混乱中，总兵官刘玉也不幸身中流矢，身陷敌阵。危急关头，项忠斩杀了一名临阵脱逃的千户，明军方才稳住阵脚，刘玉因而脱险。明军且战且走，弓折刀尽，再度败下阵来。

乘胜克捷：石城围攻战

当月，彗出西方。明军功亏一篑、毛忠阵亡的消息也一并传往京师。战败的惊耗加上彗星的凶相，令满朝文武惶惶不安，朝堂上也为增兵的事宜争论不休。兵部以及抚宁侯朱永、定襄伯郭登担心土达会顺势突围北上，联合北虏，最终祸沿九边，于是请求调拨四万京营兵增员。大学士彭时、商辂两人则极力反对，认为项忠手上的军队有足够的能力平定满四。兵部尚书陈信言辞激烈，甚至威胁道：若战败，必先拿这两位阁老是问。两派争执不下，明宪宗只得诏问身为主帅的项忠的意见。身居一线的项忠对土达的实力还是有着较为准确的判断，他认为虽然明军铩羽而归，但敌军同样损兵折将。当月的大战几乎没有留给明军清扫战场的机会，明军却依旧斩获敌军首级数百，除此之外被明军铳炮击毙的敌军亦不在少数，史料记载"中伤堕崖涧死者甚众"。通观全局，此战中，明军虽然未达成攻克石城的战略目的，但是可以说重创了土达叛军的有生力量。项忠考虑到满四手下的约两万残兵还是有从封冻的黄河突围北上的可能，最终决定向朝廷请求将宣府、大同边军五千充作预备队伍。若战局继续恶化，则由抚宁侯朱永统领投入战局。

此后，明军继续围攻。在围攻中，马文升敏锐地觉察到石城水源缺乏，粮尽援绝。于是明军烧遍了城边草地，很快土达的马匹便饿死殆尽。项忠又命人以人马尸体填塞满城外的泉眼，又设兵伏击夜间出城取水的土达。此时两军的交战集中在了石城南门外的东山一带。这块控制石城入口的咽喉之地两军已经多次易手，土达迫切地想要夺取这片要地。一天，据说土达祈拜的神明降旨道：今日出战，如果战胜则战况转危为安，如果战败，那我等就难逃被擒获的命运了。本已忧心如焚的土达叛军在信仰的蛊惑下，孤注一掷地向东山上的明军发起突袭。当时冲过去的土达大军见山上只有五百名甘州土司兵，无不感戴神明的庇佑。然而土达的轻进其实恰恰正中明军下怀，马文升已经提前做好了战斗部署——山上寥寥数百兵马不过是马文升放置的诱饵。土达蜂拥进入马文升精心挑选的战场，明军大队精兵突然出现在西面山坡上，浩浩荡荡直奔土达军薄弱的侧翼而去。在经过一场绝望的厮杀后，曾经来势汹汹的土达大军最终灰溜溜逃向石城。

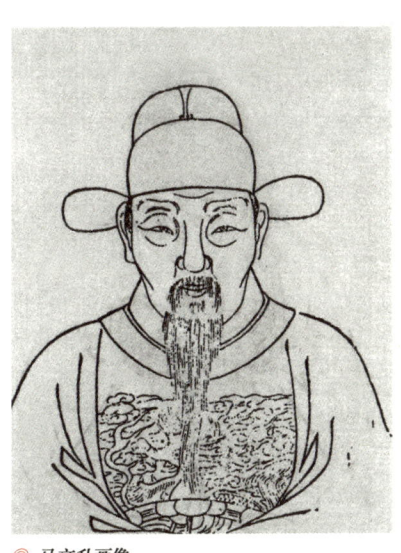
◎ 马文升画像

这时甘州的明军增援部队也赶来投入到攻城作战中。明军的增兵和己方的惨败，令敌军士气回落到了低谷。满四为了扭转局面，就想故伎重演，以谈判为名谋害明朝统帅。他要求项忠、马文升、刘清三人亲自到石城下面谈。马文升见有土达数百甲兵环绕城门外，担心其中有诈，便率领数十骑前去城下，大声呵斥道："你们这些无礼的叛贼，天朝将官皆在此地，你们为何用精兵埋伏四周，是何企图！"满四只好下令收兵回城，自己与手下几名头目假戏真做，出城面见明军将领。结果先前被土达扣押，后来成为叛军头目的满瑨动了投降的念头。他向明军统帅辩解道："我也是被人胁迫进城的，并不是叛乱的人。"于是项忠把满瑨带回军营。而满四仍选择继续抵抗，他回城后命人立起木栅，欲与明军再战。

此后，土达叛军继续采取坚壁清野的策略，凭坚固守，一时间战事相持不下。为消磨守军的战斗意志，明军开始在白天用铜大将军铳轰击石头城。伴随着明军炮口上的阵阵火光，石城坚固的高墙上碎石横飞，硝烟弥漫。一颗颗沉重的弹丸飞越城垣，落在城中惊慌失措的土达叛军头上，土达守军"死者不知其数"。

不过明军对石城持续的炮击没能改变僵局，意志顽强的土达叛军仍旧坚壁不出。马文升也清楚地认识到，叛军一旦将战局拖入黄河冰期，蒙古部族将大规模南下河套，明军最不愿看到的土蒙合流就会变为现实。加之时值冬日，明军在野外已驻扎数月，军中畏难厌战情绪渐起，士气低迷。明军统帅认识到在这进退维谷的境地必须破釜沉舟，除了再次组织起一场强攻别无出路。

但在土达完备的防御工事下，强攻登城绝非易事，明军首先要克服的阻力便是石城前那条深度超过三米的壕沟。马文升的对策是用土石填平，不过如此一来填土的部队就会完全暴露在守军的投射火力下。于是，马文升根据棚车与云梯等攻城器械的设计思路，设计出了一种兼备掩护工兵填埋战壕和攻城功能的临时器械。他命人将周边城池上的围杆木取下，绑缚成"天桥"，安装在可以自由牵拉的厢车底盘上。然后命令士兵将车推到壕边，将天桥放倒

◎ 《平番得胜图》（局部）

在壕沟上方遮蔽守军的箭矢,以掩护明军在壕内填土。很快,明军的人马军械就能够在石城城墙外畅行无阻了。此后,土达叛军又无可奈何地看着明军将此车推到城下,把天桥的一端精准地搭在二丈五六尺高的城头上。两军的决战即将拉开序幕。

然而就在这时,城外明军的中军大帐里却再起争执。有些将领担心攻击城墙会造成大量伤亡,经过激烈的争论,最终明军还是取消了强攻的计划。但出乎明军意料的是,惊弓之鸟般的叛军见明军欲大举攻城,纷纷出城投降。马、项两人不但决定放投诚的土达一条生路,而且赏赐给降兵银两,甚至派出通晓番语的人前去城下传话。如此一来,城中越来越多的土达在明朝优厚条件的诱惑下,不顾满四严苛的军法,在求生欲的驱使下出城投降。

明军大张旗鼓地招降纳顺,甚至引诱来了满四最为倚重的谋士阳虎力。十一月十六日,马文升将他招至明军帐下,许诺如果生擒或者杀死满四,朝廷将重赏其白银一百两、黄金一百两,并擢升其为指挥。重赏诱惑下,阳虎力透露了土达叛军的行军动向,并向马文升保证第二日自己将骗满四亲率主力突围,并将其带入明军设下的伏击圈。这桩事关全局的密约在明军内部仅有少数几名高级将领知悉,并且反对者居多,主帅项忠也对这名敌军将领持将信将疑的态度。最终马文升力排众议,撤换下原来的延绥军,将自己统领的中路军调防东山口,设伏静候满四统领的土达主力部队。

第二日,东山上出现了几百名盔明甲亮的土达精锐。明军向城门眺望,果然有一人骑着白马,在众军裹挟下向东山行进。马文升稳住全军,命令东山一路少量的明军稍作抵抗即佯装败退。满四后军果然如马文升设想的那样匆忙与前军会合,直奔明军设下的诱饵而去。当满四率领着全部主力毫无戒备地踏入伏击圈的时候,蛰伏已久的明军立刻从四面杀出,叛军顿时乱作一团。土达士兵仓促迎战,进行了顽强的抵抗,不过随着其他各路明军源源不断地开赴东山口,叛军的顽抗还是化作了一场不可抗拒的溃败。在激战中,满四被击落马下,最后被明军擒获。战斗以明军全歼敌军的大获全胜告终,明军斩获首级七千。捷报传开,陕西各州县民心大振。

自满四的主力被全歼,战局的主动权完全落入了明军的掌控之中。马文升想要一鼓作气拿下石城,但项忠担心土达在最后关头的困兽犹斗可能会给明军造成严重损失,以"恐仓促难拔"为由,取消了强攻的计划。第二日,城中土达又拥立原平凉卫达官镇抚火敬为叛军领袖。然而,缺少了满四的统领,残存的守军早已人心涣散。刘玉希望尽早结束这场旷日持久的围攻战,于是建议项忠命明军撤围,放任城内的残兵败将散去。项忠则认为土达叛军的抵抗意志正处于冰消瓦解的前夜,坚持将包围继续下去。果然如项忠所料想的那样,十天后,残存叛军的士气终于土崩瓦解,一夜之间全军作鸟兽散。项忠令明军追击漫山遍野四散奔逃的土达,又斩获数千首级。包括满四侄子满能在内的百余名叛军首领家属也被明军一网打尽。

明帝国边防史：从土木堡之变到大凌河血战

◎《平番得胜图》（局部）

此后，残存土达又败逃至彗箒山，搭建了数十顶帐篷继续抵抗。明军屡次招降，他们都不肯投降。这时项忠突然接到了延绥镇的急报：有一队千余人规模的蒙古军队出现在了沙窊寺一带，不时地以三五百骑的规模在边墙附近出没。这支姗姗来迟的军队明显已无力左右战局，而且这一小股蒙古军队还选择了河套以东守备空虚的延绥镇作为目标，刻意避开了明朝集结在河套西南部固原一带的平叛主力。这背道而驰的行军方向无疑说明：蒙古人此次南下的目的只是想接着土达叛乱，乘虚而入劫掠钱财，并不是真想支援固原土达的叛乱。因此，土达如飞蛾扑火般的反叛只不过是一厢情愿地为他人作嫁衣，成为蒙古人南侵的炮灰和铺路石。

面对蒙古人趁机南侵的现状，项忠决定留三千精兵收尾，剩余部队班师返回固原。为防止今后再有叛军盘踞石城，明军出发前派遣了一万多人，彻底夷平了这座要塞，并在山下刻石铭记这场来之不易的胜利。同时，延绥方面也开始与大规模蒙古骑兵交战。首先是三千多名蒙古人在迤西泥涧滩等处抄掠，被参将胡凯领兵击败，俘虏二十余人，解救平民十一人，夺回牲畜二百六十多头。十五日，游击将军许宁与三千多名蒙古人战于迤东沙河墩，明军结阵力战，最终将敌人击退。当晚又有数千敌军劫掠焦家川，杀掠平民与牛羊数百，许宁与高家堡指挥随后率领官军出境一百五十里，大败敌军，夺得牛羊马匹千余而返。

随着延绥方面捷报频传，当月，败退彗箒山的残余土达也被明军剿灭，固原土达之乱尘埃落定。

自也先打破边墙内外的军事格局后，蒙古诸部的频繁入套南略、土蒙纠合、满四反叛，其实都可以看作是土木之变产生的蝴蝶效应。仅就土达叛乱事件来看，虽起自满四自身的违法行为，但这种违法行为与纷繁复杂的政治、军事、民族因素交错在一起，最终才演变为一场规模浩大的部族叛乱。明代史学家高岱在其所著的《鸿猷录》中对满四反叛一事有一段较客观的评述：

"（土达）虽然非我族类，其心必异，狼子野心之众乃使之聚处边境，密迩塞下。具鲔北泳，越鸟南翔，能保其百年无异为哉？今降胡多处畿辅之地，国家承平，彼何敢肆。万一胡马南牧，气类感召，则满寇之乱不但固原尔。也往也先寇京师闻亦有说，幸其驱荡平定之早耳。"

自洪武之初满四的曾祖父万户把丹被授予平凉卫正千户以来，满四家族一直拱卫明廷西北疆土近百年。但是事实证明，这种较为松散的羁縻体制最终会由于外族势力的逐步渗透而被破坏。无独有偶，早在二十余年前，瓦剌也先太师席卷女真诸部时，就曾将招抚文书传予诸酋。结果原本"世受节制"的建州三卫立刻归附为蒙古人的耳目，1450年女真攻抚顺之战便是建州三卫转投新主的投名状。与蒙古人并没有多大血缘关系的女真人尚会见风使舵，主动当起蒙古人的马前卒，更何况与蒙古诸部羁绊很深的土达？可见明初的布置还是有着很大缺点的。

而土达虽坐拥精兵坚城，但在初期接连击败明军后，仍寄希望于不切实际的蒙古援军，一味选择固守城池，将战场主动权拱手相让。满四采取的这种消极防守战略堪称自掘坟墓的典范。

总体而言，对土达的平叛战争也体现了明军项忠、马文升等将领高屋建瓴的指挥才能。他们吸取前几次失利的教训，采取重兵合围的战略，并以持续的炮击与烧荒等手段逐步瓦解守军的士气，避免强攻要塞的伤亡。在与满四的决战中，明军以少量部队诱敌深入，再集中兵力将敌军主力一举歼灭。最后，明军势在必得时又不穷追，待残兵败卒四散而逃时再出兵追击，从而将一场强攻恶战化作了一次毫无悬念的追亡逐遁。根据明朝战后清点的损失情况，明军整场战役总共伤亡仅有1685人，而土达叛军已确认的阵亡人数就已多达一万以上。此战不失为明代中期一场经典的攻坚作战。

至此，固原镇境内勾结蒙古的反叛势力被明军完全肃清。为平定这场荼毒西北的异族叛乱，明廷从西北四镇抽调了三分之一左右的兵力，及时在西北边患的下一个高潮期到来前击碎了土达叛军"起事从北"的妄想。戡平这场萧墙之祸，也是明帝国在西北地区与蒙古的百年较量中留下的影响深远的一笔。

明帝国边防史：从土木堡之变到大凌河血战

其费非常：成化年间的"搜套"战略

在平定固原土达叛乱之际，陕西三边四镇的明军也在努力摸索，试图找到一条能够彻底解决套患的途径。总体而言，解决套患的战略计划是出兵深入河套腹地，扫荡蒙古部落的据点，凭借武力手段将蒙古势力逐出河套，也就是俗称的"搜套"、"捣剿"。但是，问题的核心在于如何实行这一战略。

之前，随着也先时代的终结，蒙古诸部彻底失去了入主中原、光复大元的实力与野心。蒙古人对明朝的战争目的也回归到对物资、人员、牲畜的掠夺上，因此他们对明朝边境的袭扰往往采取避实就虚的闪击战术。由于明朝对铁器输出的封锁，蒙古在多数时候难以大量装备铁制盔甲。因此，百十人规模、装备简陋的小股蒙古游骑对于装备相对精良的明朝边军来说不足为惧。然而当有强酋纠合起众多部落，发动数千乃至上万骑兵规模的南侵，这种入寇就是边镇军民的梦魇了。

这些入侵的蒙古骑兵在面对明朝漫长的军事防御线以及屯驻于其上的数十万明军时，充分发挥轻骑兵的机动性，采取了"殿

◎ 现存的明代镇北台

从土达之乱到红盐池之战

数百以羁全营,纷千万以震零堡"的战术策略。也就是用小股部队佯攻牵制住明军主力,再集中兵力从薄弱环节切入。这样一来,分散在九边万里防线上的明军小部队很难应对突然出现、数倍于己的敌军主力。

一般来说,蒙古各部落往往会用数月的时间来准备一场大规模的入寇。首领会暗中派人日夜兼程联络散落在草原上的各部,并命其自备弓矢甲胄以及充作军需的牲畜。此外,每个蒙古骑兵还要准备3—9匹马以备骑乘或驮运物品。在约定的日期和地点,这支全副武装的队伍会集结起来,宰牲、祭神,接着誓师起行。

蒙古人对明朝边地的大规模劫掠相当有组织性和计划性,甚至形成了一套完整的战略战术。他们往往不是大张旗鼓地一股脑破墙而入,而是事先派遣精兵组成别动队。别动队向着大部队行军路线的反方向行进,寻机翻越边墙。然后,蒙古人的主力部队会派出数百乃至数千名轻装骑兵为先导,携带锄头,快速在边墙上掘开一道入口,大队从这个入口一拥而进,同时此前翻墙而入的精锐部队配合主力,在明帝国守军的必经之路上设伏。因此,前去迎击敌军大部队的明军时常在毫无戒备的情况下中伏,被蒙古骑兵打得措手不及。可以说,蒙古骑兵的纵深穿插战术是十分卓越的,经常让明军因措手不及而野战失利。

蒙古军队深入边墙后,会以日行百里的速度推进到明军的屯堡、墩台乃至城池下。之后,蒙古人会集中优势兵力,包围整座据点,发动围攻。攻城时,蒙古大军号角齐鸣,从四面用钩子攀爬城墙。大队蒙古人在弓手的火力掩护下,像蚂蚁一样密集地登城肉搏。当时明朝守堡的边军常年缺额而且战意低迷,自然难以抵抗拥有数倍优势兵力的敌人的猛烈围攻。因此,在蒙古诸部这种风驰雨骤般的侵袭中,明朝的寨堡城池经常连连失陷,蒙古侵袭部队动辄深入明朝境内数百里,辗转各地大肆掳掠。

在这种应接不暇的频繁袭击下,明朝边镇人员、财物损失惨重,可谓满目疮痍。严峻的边关局势也迫使明军进行战术战略上的革新,即由旧有的专守防御,迈向先

◎ 《平番得胜图》(局部)

发制人的攻势防御。明朝一贯重视陕西诸镇的防务，而陕西边防又是西北最关键的地方，所以陕西地区成为明军实践这种"攻势防御"的优先战略方向，其六千多里边防线上的"套患"自然也成了明军"攻势防御"的首选目标。

其实早在景泰年间，陕西三边官军就已经开始尝试小规模的"搜套"活动了。天顺八年，延绥都指挥同知房能更是在奏疏中为河套一带军务提了三条建议，除修建城堡、制造兵器以外，还主动请缨领兵"搜套"。房能的"搜套"提议无疑是明军"攻势防御"战略的开始。房能计划以张泰、王清总制西北三边，以徐廷章管理军务，足见整项行动的规格远超以往。原先有小警则各自为战，大警则不相救援的陕西诸镇也罕见地进行了统筹调度。这项联合军事行动计划在初春草木还没有生长茂盛，蒙古部落粮草不济之时，派遣宁夏镇和偏头关的兵马分头过河进剿，同时房能率领延绥镇下辖边堡内的精锐日夜兼行，齐头并举，"捣其巢穴，绝其种类"，最后达成驱除随时可能寇边的贼寇，肃靖边疆的目的。

但是这种同时集中西三边精锐守备力量的作战计划其实也有很大的风险，一旦失败，将对明朝西北边防造成不可想象的严重后果。另外，明军的战线长度达到七百里，其风险大大超越了兵部所能承受的底线，加之房能本身才能有限，该提案最终未能得到批准。

到了成化初年，毛里孩攻杀孛罗忽，称霸漠北。在他将触角伸向东方的兀良哈三卫，企图率部分军队入犯辽东的同时，本部也与其辖下的小王子（摩伦汗）、阿罗出等部侵吞河套，窥探边墙内的大明疆土。蒙古诸部在套内地区的大规模集结再次令明廷惶惶不安。吏部尚书、大学士李贤面对当时河套近边烽火不绝的紧张形势，于成化二年再度提议"搜套"、"捣剿"。他在关于此次"搜套"计划的奏疏中，归纳了明朝河套地区边防策略长期以来的症结所在：

"胡虏之众不过中国一大郡，而连年被其侵扰，往往得利而去者，以我兵威之未振也。且河套与延绥接境，原非胡虏巢穴，往年虽有残贼数千，然不为大害。今虏酋毛里孩大势人马俱处其中，伺间乘隙出没不常，固尝出兵剿之，然我兵方集而彼已退去，兵散未久而彼又复来。如此不惟劳师费财，而边民亦不得按堵矣。"

在这种积极的防御思想下，他为此次"搜套"制定了一套详细的计划：

"……令兵部会官博议预积粮草于陕西塞下，及令陕西延绥宁夏甘凉大同宣府等处守臣选练骑步精兵，整搠器械什物及预造战车拒马之类。期以明春或今秋进兵搜剿，务在尽绝。其总制将官与凡出兵事宜，俱预请处画。又秋禾方熟，虏骑必复入抄而延绥鄜庆环县一带，须用兵驻札，以保居民。亦宜推选武将一人，统步骑精兵万人，往守诸处庶，几有备无患。"

明宪宗采纳了李贤的提议，于是兵部开始着手准备"大举搜套"。经过讨论，兵部决定让杨信领兵征剿。杨信是镇朔大将军杨洪之子，自正统初年镇守北边以来功勋卓著。他在对抗兀良哈三卫、也先的一系列战争中表现出了杰出的军事才能，时人评价其"为将勇而有谋，号令严明。行兵不泥古法，而设奇制胜，出人意表。临阵不惧，虽左右死伤而神色自若。尤能教养士卒，激劝有方，明于知人，而用其所长，故能得其死力。所向成功，未尝衄衄"。除此之外，杨信还是镇守延绥的老将，深知延绥地理，因而他绝对是此次明朝"搜套"计划的不二人选。随着"搜套"计划的逐步展开，延绥、宁夏、甘凉、大同、宣府的镇、巡诸官也开始整饬兵备、筹办粮草，等候至期调发。同时明军也按照李贤的嘱托，提防北虏在"秋禾方熟"之时的入侵。

然而谁都没有想到的是，秋熟时节未到，毛里孩太师就于成化三年五月挥师南下，自延绥镇红山儿墩入境。明朝只得将原用于"搜套"的"京营兵万人、马万二千五百匹、神炮百、神枪千、大同骑步兵五千、宣府骑兵三千、宁夏骑兵二千"派往延绥，会同镇守总兵等官饬兵剿寇。六月，毛里孩转攻宁夏庄凉一带，围困各堡寨数日不退。宁夏副总兵仇廉领军驰援，在从兰县过河与庄浪卫官军合兵时，被蒙古军截断后路击败，史载仇廉"丧师数万"。当然，这里记录的明军人员损失数字可能只是一个以讹传讹的谬误。因为宁夏镇终明一朝额设兵力也仅在四万人，而且一年后，明朝统计宁夏镇实际仍有三万余兵员。另外，庄浪卫在明朝初年设兵八千人，到了成化年间守备人数也已大幅缩水。依据嘉靖年间的统计，庄浪卫额设在城官军6749人，然而其中因疾病、事故、逃亡等原因造成的缺额竟有4242人之多。就算庄浪卫在岗的官兵全军覆没也损失不了多少人，更何况仇廉败得也没有那么惨。

不过，即使"丧师数万"的情况并不属实，但随着宁夏援军自兰县败走，蒙古铁骑如入无人之境，兵锋直抵甘州、凉州和古浪城下也是事实。各地守军纷纷选择闭城自保，蒙古人的铁蹄得以肆无忌惮地踏遍边地，最后在剽掠数日之后从容出塞。接着毛里孩将侵略的矛头直指延绥。明军分守参将汤胤绩战败身亡，延绥镇也遭到了蒙古的洗劫。

此后，毛里孩与也先之子阿失帖木儿、瓦剌哈剌辉特部的乩加思兰太师和科尔沁部阿罗出少师发生内斗，其本人又向明朝"三乞通贡"，针对陕西三边的频繁侵掠才逐渐停歇下来。但在这数月间，蒙古人对陕西边地的破坏使得本已饱受多年水灾之苦的边镇处境更为艰难，千疮百孔的陕西一时难以供给大规模军事行动所需的粮草，征缴官军也不得不留守各城，防备随时可能到来的敌军。因此，明廷原先策划的"搜套"方案，就这样随着边镇不期而至的兵祸而无限期被搁置。

等到成化四年，蒙古诸酋间混战不止，无暇南略，一时间明朝失去了"搜套"的迫切需求。同时，前文讲述的固原土达之乱爆发了。在明军围攻土达据点石城近一年的时间里，陕西各镇前后又调动了多达数万名官军，更无力实现"搜套"之举。总之，当时陕西诸镇满目疮痍的窘况在史料中可见一斑：

"近年岁歉，兵兴转输不已，陕西之民尤为困惫。盖自毛里孩、满四相继寇乱，岁复饥馑供亿之费毋虑数百万计，民已不胜其苦矣。"

同时，在辽东方向上，明朝也刚刚结束了讨伐建州女真的丁亥之役。在这场战争中，明朝同样动用了大量的人力物力。所以吏部左给事中程万里重新提出出塞捣剿的建议时，遭到了兵部尚书王竑的反对：

"毛里孩自前岁朝贡后，不复犯边。今无故兴数万之师，远涉沙漠，前有胜负未必之形，后有首尾难救之患，殊非万全之计。"

其实明帝国对待"搜套"问题的瞻前顾后，除了保守的固有观念作祟，另一限制因素主要是成本问题。嘉靖年间力主"搜套"、"复套"的三边总督曾铣曾经估算过一次征讨的开销："共该行粮四万五千石。共料九万石。共该用银二十七万六千二百五十两。"

参考潘潢《查核边镇主兵钱粮实数疏》中所记录的嘉靖二十八年屯粮石数，仅六万马军在为期五十天的征战中所需的"四万五千石"粮草，其实就占到了当时延绥镇屯粮现额的三分之二以上。再加上成化年间旷日持久的战乱，以及蒙古人对陕西三边造成的经济破坏，延绥镇不得不几度从外地转运粮饷。因此，受后勤条件所限，客观来说，成化年间大规模实施"搜套"战略还是存在着较大难度。

名将崛起：
明朝西北边防趋向稳定

幸运的是，此后有一位杰出的明军将领继承了明朝未尽的"搜套"、"捣剿"大业，并在其之上作出了震古烁今的功绩。他就是明朝著名将领王越。

这位名将似乎自幼就与抗击蒙古有着不解之缘。《王襄敏公集》曾写王越"寒窗苦读之岁，手不释卷，感两宋之亡，胡虏入侵之恨，时常愤懑于胸，故苦读兵书，以期有所为"。经过多年苦读，他在景泰二年中进士及第，做到了浙江道监察御史。所谓无巧不成书，当年与王越同批登榜的进士中还有三位后来也曾镇守北边，他们的名字分别是余子俊、马文升和秦纮。这四位同科进士后来一并成为明中期抗击北虏的赫赫功臣，并且都为明朝西北的边防事业立下了汗马之功。

王越入仕后曾受召奏对，因其姿表奇迈，聪慧绝人，引起了英宗注目。天顺七年，大同巡抚都御史韩雍因故调京，英宗苦于寻找一个"得似韩雍人品"的替代人选。吏部向英宗推荐了时为山东按察使的王越，王越因此出任右副都御使，巡抚大同。弃文从戎后的王越，其人生、事业都与明蒙战事紧密联结，边墙内外的广袤土地也成为他展现军事才华的舞台。

王越初到大同赴任，便着手完善大同镇的边防事务。他整军经武，修城筑堡，鼓励农商。王越在大同边防的建设成果，不过数年就在抗击毛里孩的战争中发挥了重要作用。

前文讲到杨信"搜套"计划随毛里孩请求封贡而终止，实际上这只不过是毛里孩太师的缓兵之计，而且这一番掩人耳目的表演多半是其在内战中实力大减后，用来转嫁矛盾的阴谋。太保会昌侯孙继宗在奏报中称：

"虏首毛里孩久住河套，近于大同西路一带屯住，欲称入贡踪迹诡秘莫测。其奸传闻其与阿罗出、阿失帖木儿自相雠敌，所以不敢北还沙漠。欲东入大同复惧我加兵，佯为款塞，或言其欲肆陆梁而未得其便。假好辞以缓我，俟得衅而长驱二者之言。"

毛里孩太师慑于明朝集结在边墙下的搜剿大军，寄希望于通过自己对明朝示弱服软，让明军将征讨的目标转移到与其敌对的阿罗出与阿失帖木儿身上，所以他才三次致书明朝，乞贡互市。明宪宗拒绝了毛里孩心怀鬼胎的请求，于是毛里孩太师在大同一带寻事生非，虚张声势。巡抚大同的王越恰在这场风波中初露锋芒。

一次，王越与保国公朱永率一千人巡边，与大股蒙古军队相遇。朱永一时不知所措，急忙对王越说："且走！"结果王越厉声回绝道："勿复言。若走撞阵，被其长驱入城，此祸谁当？"接着王越让士兵上山列阵严守。敌人见明军阵容齐整，始终不敢轻易出关。两军对峙到黄昏，蒙古人逐渐松懈下来。这时王越命令全军下马，马衔枚，军队保持阵形，悄无声息地鱼贯而行。王越自己亲率三百名骁勇殿后，其余士兵在朱永带领下在前行进。王越还规定"不许前兵反顾，反顾者，即斩以殉；务使一一如鱼贯，少有参差，亦斩以殉"。就这样，明军最终从敌人的眼皮底下从容撤走。明军到达五十里外的明军堡寨下，清点人数未损失一人。事后，王越对朱永说："我方一动，敌人就会追，这样谁也活不了。只能不动声色地迷惑他们。撤退时下马步

行，声音小，不易惊动敌人，这才能逃脱。"

王越表现出的机智果敢赢得了世人的诸多赞誉，譬如冯梦龙在其所著的《智囊全集》里将此事与李广智退匈奴一事相提并论。王越在这次有惊无险的出巡中所展现出的临阵不乱的指挥才能与注重纪律的治军风格，也是他日后比肩古代名将伟大业绩的预兆。

成化四年，毛里孩弑杀鞑靼大汗摩伦汗后，开始向东扩展势力，致使其部与蒙古诸势力反目。最终，毛里孩在阿罗出与自吐鲁番而来的乩加思兰等部的合击下战败身亡。随着一代枭雄的终结，东蒙古的统治权过渡到阿罗出、乩加思兰与出身黄金家族的满都鲁、孛罗忽所结成的松散联盟上。并且这几位强酋继承了毛里孩太师的丰厚遗产，即其麾下的六万旧部。蒙古诸势力的重新洗牌，也令战争的阴云再度笼罩于河套之上。

成化五年冬，阿罗出这位在《蒙古源流》中被冠以"巴图尔"（即勇士）之称的猛将，率部白漠北南下，越过冰封的黄河重新进入河套，拉开了新一轮"套患"的序幕。十一月，他的军队进犯榆林，被明朝击败。十二月，有万余蒙古骑兵逼近延绥边墙。

成化五年十二月，延绥告急。当时"虏寇入寨剽掠边民，守平夷堡指挥刘胜等遇之于鹰窝梁，千户瞿清百户曹义战没"。接着，蒙古军队"入延绥，保安、安塞二县分道剽掠，焚营堡，杀军士居民男女，钱谷牛羊扫境一空"。

北虏入寇延绥的塘报一时间如雪片般飞来。延绥依据粮运、分巡需要所划分出

从土达之乱到红盐池之战

的三片防区,即靖边、榆林、神木三路,几乎同时传来了敌军入侵的消息。兵部急调大同镇守总兵杨信与巡抚王越领兵驰援延绥,迎击边境上"四散出没"的虏寇。

成化六年正月,王越赶到镇城榆林。他作出部署,明将许宁与范瑾分别领兵由西路的龙州、镇靖与东路的神木出发,王越自己亲率骑兵由中路的榆林进发,为两路援应。激战首先在东路的厓窑川爆发。在两路明军的夹击下,敌军败退,明军乘胜追击至沙峰子等处。西路许宁于梨家涧与敌军相遇,明军"转战三十余合皆捷",残余敌军一路溃逃至塞外。

杨信决定借此机会扩大战果。他选取官军五万,分作三营,"深入虏境,伺便征剿"。然而,就在计划实施的前夕,又有五千蒙古骑兵南侵。杨信还师延绥,在胡柴沟对敌军发起突然袭击,一举将敌军击溃。蒙古的残兵败卒再次聚拢,但在杨信"身先众卒"的突击下再次大败。明朝一战缴获敌军战马五百匹,盔甲弓矢四千余件,牛羊二千余头。

延绥镇捷报频传,警报解除。但是王越考虑到延绥难以供给外镇援军的粮草,于是擅自回师偏头关。结果延绥马莲岘一带又传出了敌情。这引起了兵部的不满,欲追究他"擅回之罪"。最后王越得到了宪宗的赦免,并获命屯兵于延绥镇附近,伺机行事。

很快,阿罗出的大军卷土重来。成化六年七月初六,阿罗出率领着万余骑兵,分道五路,自双山堡深入明朝边境,沿途烧杀掳掠。王越、朱永与

◎ 出土的明代锁子甲

房能将延绥本镇与宣大京营士兵分作诸哨，把守各路。七月初七，明朝一名把总带领的队伍首先与两千敌骑在开荒川（今榆林安崖乡）相遇。紧接着，其余各路蒙古军队一同涌向这片河滩，很快就汇聚起数倍于前的兵力。据记载，当时近万名蒙古骑兵紧随在一名身着耀甲的酋长身后，径直向明军战阵发起冲锋。这支寥寥数百人的明军与赶来支援的右哨立即下马结成紧密的阵列。在顽强地承受了敌军数十次冲击后，明军终于等来了主力。随着前哨、右哨以及王越、朱永麾下的官军陆续进入战场，胜利的天平逐渐倒向了明军一侧。阿罗出带领全军撤退，登上四口川的高地，凭借有利地势据守。然而这道败卒构筑出的防线在士气大涨的明军面前就像一层纸般脆弱，蒙古人的防御被明朝赶来的追兵轻而易举地撕破。蒙古军队再度落荒而逃，遗弃的盔甲马匹以及掠夺的牛羊器物掩丘蔽野。

然而阿罗出并未善罢甘休，他收拢残众继续西进，行至牛家寨一地时，与都指挥吴瓒一路明军小分队相遇。阿罗出见明军人数占劣势，试图从三面包抄。但几路明军很快赶到战场，蒙古军队在西南两面明军夹攻下逐渐不支，纷纷向北逃窜。而阿罗出也身中流矢，侥幸从明军的层层围堵中脱身。

大搜河套：
红盐池之战的胜利

虽然阿罗出一部在开荒川的战斗中受挫，但河套之患并未就此平息。很快乩加思兰太师就为争夺河套的控制权而与阿罗出交恶，最终后者被击败。同时，乩加思兰太师控制着黄金家族出身、鞑靼汗位正统继承人满都鲁与孛罗忽。这就意味着乩加思兰太师也成了明朝北方的首要威胁。

其实，以乩加思兰为首的套虏频繁的扰边行为也在一次次触碰着明廷的底线。成化七年，兵部尚书白圭再次"议大举搜河套"。他上奏称：

"虏势深入，顷已敕吏部右侍郎叶盛亲诣陕西、延绥、宁夏会议边务。然臣等切虑虏性桀黠，苟知我内地空虚，未免复肆剽掠。宜如臣等所会议，俟王越等俟盛至日，即调甘、凉、庄浪、兰县官军防守要害。又今河冰既开，虏无遁意，计其秋高马肥，必复入寇。在边并见调官军仅足捍御，未可穷追，若明春复然，则边患何时可息？必须于明年二月大举搜剿河套，庶收一劳永逸之功。请先调军夫五万摆堡运粮，计可足半年之费，然后选集精兵十万，简命文武重臣各一员充总督，总兵二员充副、参将官，每兵一万，坐营、统领者各一人，所须出战驮马、鹿角、战车、军器之类，俱宜预备，期以十二月启行。"

于是在成化八年四月，明廷令武靖侯赵辅挂平虏将军印，充总兵官，王越也辞去大同巡抚一职，改任总督军务，陕西巡抚马文升、延绥巡抚余子俊、宁夏巡抚徐廷章以及各边总兵参将、游击将军等官，悉听其节制。明军再次大举"搜套"。然而未等搜套部队在延绥集结完毕，供给粮饷的各州府就已经民怨沸腾。赵辅与王越认为，要想彻底扫清两千余里的河套地区的十万多敌寇，必须要调遣十五万军队分道并行。当时两者手下军队只有两万，而且"士卒衣装尽坏"，难以胜任"搜套"的任务。另外，当时边境战事的发展也大大超出了明朝的设想。乩加思兰"六月入平凉、巩昌、临挑，杀掠人畜，迫七月而纵横庆阳境内"。同时，赵辅与王越的客兵按兵不动，不但引起了白圭的不满，也让陕西当地的守军关系出现了裂痕。延绥兵屡屡向兵部派往延绥咨访军情的官员抱怨"搜套"客兵贻误战机，致使敌寇肆虐内地；陕西巡抚马文升也对赵辅的客兵作壁上观而怨言满腹。很快赵辅与王越就以"玩寇殃民"的罪名受到了弹劾。但这场政治风波同"搜套"计划一起，随着赵辅因病被召回京师而不了了之了。

然而这次"搜套"并未重现成化三年无果而终的结局，因为王越为明朝河套地区乃至整个西北的军事格局创造了一次罕有的逆转。

成化九年（公元1473年）九月十三日，王越接到情报，乩加思兰、孛罗忽、满都鲁率部自河套全线出动，向安定（今定西市）、秦州（今天水市）一带州县逼近。节制诸镇的王越立刻命令宁夏、延绥等各地镇抚官员拘收人畜，做好迎敌的准备，自己亲领明军由榆林行至波罗堡。这时候，王越意识到，如果按部就班地领兵支援，当地占地狭小、粮草不足的屯堡将难以驻扎下如此庞大的队伍，而且到达当地要经过上千里的跋涉，军队疲惫不堪，同样不利于战局。另外，摆在他面前的还有一项艰难的任务，那就是借蒙古主力西行之际，深入边墙之外的河套，奔袭蒙古军后方，完成十年来明廷所企盼的"搜套"、"捣剿"。

王越凭借着他敏锐的军事直觉，毅然深入河套进行军事冒险，并做好了两手准备。他分兵给延绥巡抚佘子俊，命其日夜兼程赶赴宁夏，配合当地守军防备乩加思兰的入侵。同时他调集了延绥总兵官许宁、宣府游击周玉等路明军共四千六百余名骑兵。二十五日晚，明军全军从榆林红山儿墩出境北行，拉开了进军河套的序幕。

明军昼夜兼行一百八十余里，首先到达白碱滩北下营。在该地，王越选派了十二名探子，分三路侦察敌情。第二日，全军又行一百五十余里，然后接到情报，得知蒙古军老营在北方五十余里外的红盐池附近。王越立即作出部署，挑选精锐部队作为先锋，分作两哨，分别由许宁与周玉统领。在两队兵马向红盐池推进的同时，他又派出了一支一千余人的队伍，以地形为掩护，悄悄逼近敌军营帐。

明军行至距离红盐池营帐二十余里的地方时，蒙古人才如梦初醒，急忙召集部队摆列阵形。随后两翼明军向着蒙古匆忙布置的阵列发起冲锋，两军在红盐池畔展开了激战。然而，当蒙古军队看到从身后营帐里呼啸杀出的明军时，全军陷入了混乱。很快，这支蒙古部队就在明军骑兵的马刀与箭矢下变作了一群抱头鼠窜的乌合之众。在一片绝望的呼号中，蒙古人纷纷逃向明军在西北方向上的缺口以寻求活路。满山遍野的牛羊、骆驼、马匹，堆积成山的弓箭、皮袄，乃至蒙古壮丁的妻子儿女统统被留给了明军部队。

红盐池之战以明军的完胜告终。明军满载战利品返回境内,身后只留下火光冲天的一座座庐帐。然而这场出征并未就此结束,在王越红盐池之战取得辉煌胜利的同时,抄掠内地的乱加思兰、孛罗忽、满都鲁正准备带着抢夺的财物与人畜撤离。

王越领兵回到明帝国境内,接着便马不停蹄地挥师西进,与各路明军在韦州城会合,围堵从边境退走的蒙古主力。十月十一日,几路明军在红城儿一地与蒙古军队遭遇。这支蒙古部队约有一万人,全部披戴明盔青甲,以潮水之势向明军冲来。明军苦战许久,最终将其击败。据战俘供称,这支部队正是孛罗忽与满都鲁所率领的劫掠明地的部队,两人战败后惊惶逃往北方。

十月十三日,明军再传捷报。刘聚于三岔一地再败蒙古军队,被击败的蒙古人系乱加思兰部的主力部队。至此,此次河套内外的战争以明朝的胜利画上了句号。

在这场被誉奇功的红盐池之战中,许宁的左哨生擒四人,斩获首级二百九十三颗;周玉的右哨生擒三人,斩获首级五十五颗;总计生擒、斩首三百五十五名。从明朝纸面上的斩首数来看,蒙古的人员损失并不是很大,而这是一个值得探讨的话题。

有很多人对于明军"首功制"与实际战绩的关联有着误解,认为明军上报的首级数等同于敌军的损失人数。因而有不少人根据明帝国每战收获的仅数十、数百的首级数,判断蒙古方面在与明朝的对抗中损失极小,乃至研究界也充斥着过于抬高蒙古战斗力,贬低明朝军事水平的论调。其实这种谬误往往建立在对明朝"计首论功"制度的错误认知上。为了防止将领夺大战功,明朝逐渐形成了一套严格的军功制度。明军在战斗后以割取的敌军首级为凭据,向兵部讨取赏银或获得升迁。同时明朝也制定了一系列严苛的首级审核制度,由兵部与巡按御史两个系统严格把关,以避免出现杀害非战斗人员冒取功名的情况。但明军时常受蒙古人敬重尸首的风俗以及战争环境所限,没有机会割取敌军的首级。

例如崇祯元年宣府抗击察哈尔部的战争中,明军"冲打击死许多夷人,彼势委众,各山高出俱有贼兵压梁,谁敢轻出割级,当被贼令步夷将死夷拉扯连送边外"。可见明朝在边疆复杂的地形上,面对机动多变的蒙古军队,时常难以获得清扫战场的机会。涂宗浚在《狡酋纠众屡犯疏》中也写道:"纠众万骑入犯安边,又令千馀窥讧波罗,比欲犄角死敌,横肆躁躏之谋,讵知我兵闻烽肆集,堵剿败北,各营报胜于西,大将奏捷于东。虽两地斩级不及,而

◎ 延绥边墙遗址

◎ 毛乌素沙地

射打死伤颇众,亦足以纾华气,而夺戎心矣。"这段记载同样强调了敌军伤亡数与明军得到的首级数是两个概念,而投射武器造成的敌军伤亡也难以计入明军的斩首数中。可见,像红盐池这样的大捷,蒙古伤亡远不止三百五十多人。像前文所述的击伤鞑靼首领阿罗出的开荒川之战,歼灭数也同样远超明朝所得的一百六十级。

总之,红盐池之战对明代边防有着非常重要的意义。明朝凭借这场光辉的胜利,重写了边墙内外的势力格局。自乱加思兰、孛罗忽、满都鲁三部在红盐池之战以及后续的红城儿、三岔之战等一系列战役中遭受重创后,心有余悸的蒙古人在很长一段时间内都没有胆量再次入据河套。《明通鉴》中这样形容战后的河套局势:"自是稍徙北去,不敢久踞套中,亦不敢恃险深入。于是延绥得息肩者数年。"

曾有人感叹明朝最终没有能够抓住这个机会恢复国初所设的东胜卫,收复河套地区。其实客观上讲,放弃"复套"实为明廷的无奈之举。河套的自然环境相比明初已有巨大的差异,占河套总面积三分之一以上的毛乌素沙地已向南扩张至明朝境内。成化年间扩建延绥边墙时就有人提出"境土夷旷,川空居多,浮沙筑垣,恐非久计"的观点,到嘉靖年间,成年累月的风沙甚至已将数段边墙埋没。

另外,以明朝北方边防所采取的军屯模式,延绥镇的维持时常需要依赖外地粮草的转运,东胜卫不毛之地上的屯垦更不可能满足驻军的需求。如果从内地横穿数百公里的沙漠将粮草调运至今呼和浩特市附近的东胜卫,成本更是难以设想。即使主张"复套"的王越,最后也不得不妥协于现实,将对河套策略改作"增兵守险"原先的防线。

虽然红盐池之战没有达到收复河套的目的,但为西三边防御体系的完善赢得了宝贵的时间——"内地患稍息,子俊得一意兴役",余子俊著名的边墙修筑工程得以在一个相对安全的环境中展开,最后修筑起了一道东起清水营,西抵花马池,长达一千七百七十余里的边墙。

这场胜利同样带来了制度上的革故鼎新。成化十年,明廷设三边总制,确立了一系列职官系统。王越成为肩负延绥、宁夏、固原、甘肃三边四镇防务的首位要员。从此三边四镇协同调度,互为犄角,最大限度地发挥了西三边的防御功能,也再度强化了大明王朝对关西七卫与西宁、洮州、河州、岷州四卫的蒙古人以及藏地番夷的管控。

法国历史学家雷纳·格鲁塞曾说过:"如果事有凑巧,中国人的宫廷里面或是兵营里面发生了什么骚动因而边境空虚,蒙古人就可以征服一座城、一个省、一个帝国。这就是历史上中国和蒙古关系中的一种规律。如果细究中国的编年史,突厥—蒙古人的掠夺性入侵是经常性的,除在汉、唐全盛时期以外,几乎每十年就有一次。如果这个朝代正在强盛时候,侵掠仅仅是侵掠,有如虫螯在广大的帝国躯体之上。如果机能有了毛病,这就是死亡。"最后一句即是对明代中后期明蒙战争很好的概括。而蒙古这只蛰伏在明帝国躯壳上的巨虫,也会将这种形态的拉锯战延续下去。从达延汗的复兴,到吉囊、俺答的成王霸业,直至林丹汗的垂死挣扎,河套上明蒙间的战火一直都不曾熄灭。

明代边防的火器与战车

MINGDAI BIANFANG DE HUOQI YU ZHANCHE

◎ 杨继正

如前所言，成化九年（公元1473年）九月，满都鲁及孛罗忽留妻子老弱于红盐池，率部出套，深入秦州、安定等地劫掠。明军主将王越在经过充分准备后，与延绥总兵官许宁、游击将军周玉各率五千骑突袭红盐池，擒斩三百五十，夺获驼马器械无数，焚其庐帐而还。满都鲁和孛罗忽劫掠归来以后，见妻子畜产皆已荡尽，相顾痛哭，不敢再居住于河套，明帝国西部边境终于获得了数年的和平。

划时代的车营"复套"战略

其实从本质上说，红盐池的大胜所采用的战术是冷兵器时代中原农耕民族对抗草原游牧民族最典型的战术模式。几千年来，农耕民族的步兵在结阵后拥有强大的战斗力，但在机动力、情报能力、战略主动权上面对游牧骑兵却处于绝对的劣势。因此，如果农耕民族仅凭步兵作战，就只能被动挨打，根本无法对游牧骑兵造成毁灭性的打击。要想对游牧民族造成毁灭性的打击，农耕民族往往也必须组建大规模的骑兵部队，去袭击对方的老巢。因为虽然游牧骑兵来去如风，但是其畜群和营帐却移动缓慢，非常容易成为攻击目标。因此，自汉代名将霍去病之后，出动精锐骑兵，以快打快，袭击游牧民族的老巢，已经成为中原农耕民族摧毁草原游牧民族战争潜力的不二法门。

不过，这种战术的基础是大量的战马，比如汉武帝时代为了实行这种战术，很快就消耗掉了四十万匹官马。另外，牧场需要占用耕地，这使得农耕民族在大量饲养战马这点上与游牧民族相比处于劣势。特别是唐代之后，因为气候的变化，北方沙漠化情况严重，再加上很多牧场处于农耕、游牧民族双方争夺的区域，养马成本水涨船高。中原政权虽然在战马的绝对数量上并不算少，但与游牧政权相比，在相对数量上却明显处于劣势。同时草原游牧民族的组织水平也在提升。因此这种战术越来越难以实行，甚至从某种意义上来说，红盐池之战成了中原农耕政权这种"剿巢"战术的绝唱。

在套虏被逐出河套的弘治初年，明廷并没有更进一步强化边境防务，反而不加作为。后来一项重要的决策失误，甚至导致明帝国再也无力驱逐河套地区的套虏。河套的蒙古诸部站稳脚跟，成了明中叶以后不可小觑的军事存在。

这个错误的决策就是明孝宗朱祐樘废除了当时边军的命脉——"开中法"。所谓"开中法"，就是明政府鼓励商人运输粮食到边塞换取盐引，给予贩盐专利的制度。商人因为长途运输粮食耗费巨大，干脆在边境雇人开垦田地，生产粮食，就地入仓换取盐引，从而在军屯和民屯之外催生出了"商屯"。

总而言之，当时的食盐生产大部分集中于沿海地区，其中以两淮的盐场最为重要。但是远在北部边防线上的明朝基层政府不会知道各个盐产区每年的具体产量，所以召商输粮，有时不免多发盐引。因为盐引过多，远大于食盐产量，商人持盐引前往各盐产区换盐时常常不能马上得到食

明代边防的火器与战车

盐,只好"候支",也就是守候食盐的支给。正统五年(公元1440年)正月,"两淮都转运使司奏:各处纳米中盐客商,有永乐中候支,到今祖父子孙相代,尚不能得者"。这种情况到成化年间更为严重,商人对此怨声载道。

另一方面,商人开始雇人屯垦耕种,边地的粮食产量增加,粮价自然下跌。粮价下跌的时候,如果仍按原来"盐一引易粟二斗五升"的比例来置换盐引,当地政府不免感到吃亏,因此也很有意见。

由于以上的原因,弘治五年(公元1492年),出身淮安的户部尚书叶淇便应两淮盐商的请求,改革"开中法",规定以后商人不必纳粟于边,只要在盐产区向都转运使司交纳银两,即可得到盐引,换盐出卖。因为每一盐引所纳银数远高于原来在边地缴纳粮食的时价,官方也觉得比较合算。明孝宗朱佑樘为了增加中央收入,也认可这一改革方式,等于变相废除了"开中法"。

可是,这么做却使得商人没有必要再把粮食送到边境地区或者开设"商屯"。在北方进行"商屯"的淮商纷纷撤业南下,西北商人亦大多将家业迁往江南地区,其结果自然是边地荒芜、粮产锐减,粮价快速上涨。据记载,当时九边屯田数量直线锐减,一石米甚至达到了五两银子的卖价,边军的粮饷连最基本的吃饭问题都无法解决。明廷无法满足明朝边军最基本的吃饭问题,必然导致明边军战斗意志和战力直线下降。

认识到纳银而不纳粟的弊端后,也有

◎ **明孝宗朱佑樘**

不少人建议恢复"开中法",弘治帝以后的四代明朝皇帝也都曾试图弥补弘治帝的错误决策。可是由于屯垦设备的废坏、壮丁的离散、边地的荒芜以及其他因素,事实上"开中法"和"商屯"制度再也不能有效实行了。

恰在"开中法"被废除的同时,鞑靼部首领达延汗继也先之后再次统一蒙古诸部,实力日渐强盛。面对日趋严峻的边患,明廷在弘治十年及弘治十三年对套虏进行了两次"捣巢"行动。虽然明军的出击颇有成效,但是由于边军战力下降,明廷无法抵御达延汗的报复行动。面对汹涌而来的蒙古铁骑,吃不饱饭的明边军纷纷溃败。

明帝国边防史：从土木堡之变到大凌河血战

达延汗横扫西起宁夏东至延绥，南到花马池、盐池、萌城乃至固原、韦州的大面积区域，让明帝国边境蒙受了巨大的损失。明廷得不偿失，更加无力再进行大范围的"搜套"及"捣巢"行动。因此，在后来很长一段时间里，明军都丧失了在西北边境上的主动权。

嘉靖年间，由于九边长城体系尚未完成建设，再加上明边军战力堪忧，明廷对北方战事的抉择都异常谨慎。这段时间，明帝国的方针以防御为主。

不过，明帝国在增修各处防御体系时，并没有忘记对套虏的征伐。正所谓"兵马未动，粮草先行"，要想打击套虏，当务之急是恢复北方边境已经被破坏得一塌糊涂的屯田制度。嘉靖七年（公元1528年），杨一清奏请商议重开"开中法"，并招徕陇右、关西民以屯边，力图恢复民屯规模。杨一清以后，朝中的有识之士也纷纷请求恢复屯政，但是由于积弊已久，实行成效不大。最终，明廷仍不得不每年花费大量白银购买粮食供应边防。再加上嘉靖年间大修边墙，明廷在短时间内无法抽出足够的财力和精力对付套虏。

嘉靖二十五年（公元1546年），时任山西三边总制的曾铣上疏请复河套。当时边患日益严重，曾铣一面请求出塞捣巢，一面修建了东至黄甫川一千五百里的边墙。

身为三边总制的曾铣自然十分清楚河套地区的重要性。鉴于蒙古诸部久居河套，势力根深蒂固，外加河套地区的地理位置十分关键，套虏出套则可寇宣大，震慑京畿地区，入套则可寇延绥、甘肃以及固原，扰乱关中地区的社会秩序，曾铣请以精锐六万，再补充山东枪手两千人，计划在春夏之交时带五十日粮，水陆交进，讨伐套虏，以求一劳永逸地解决套患。曾铣还申请"帑金数十万"，表示三年可毕套虏。曾铣的计划到达兵部后，兵部认为此议不可行，但是嘉靖皇帝却力排众议，坚决支持曾铣，并增给曾铣帑银二十万两以示支持。但是陕西巡抚谢兰、宁夏巡抚王邦瑞及巡按御史盛唐依然不同意曾铣的做法，曾铣又上疏皇帝，嘉靖再次表示支持曾铣。随即曾铣上陈平套对策，其中就有著名的《曾铣拟逐套虏阵图》。

曾铣的拟逐套虏车阵共七万二千余人，分为二十四营；每营三千余人，内含四十

◎ 杨一清像

明代边防的火器与战车

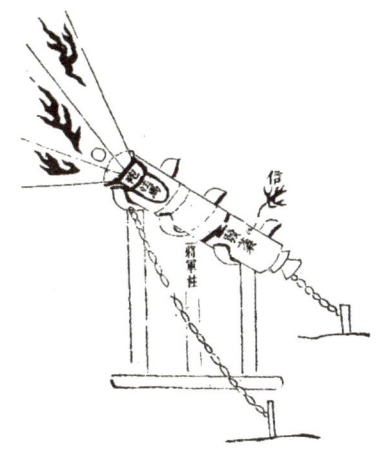

◎ 明代用于野战的霹雳炮

◎ 明代单兵用火门枪手把铳

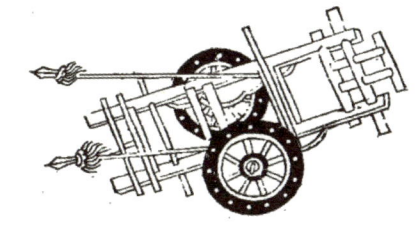

◎ 明代双轮辎重车图

队车兵和十六队选锋奇兵，共用霹雳战车并驻车共二百辆；每队车兵操作战车五辆，每车配霹雳炮十八杆、火箭二百支、大连珠炮一杆、二连珠炮一杆、手把铳二杆、盏口将军四门；选锋奇兵每队装备手把铳十四杆。

霹雳炮，全名飞云霹雳炮，用生铁铸造，炮口如碗，是属于小型碗口铳类型的野战火器。该炮每发装药八钱，装填铅子五个，每个重八钱，备弹五十发，共用药二斤半，铅子二百五十个。

大连珠炮，全称百子连珠炮，身长四尺（约1.28米），用精铜铸造，是一种小型火炮。该炮每发装药一两八钱，装填铅子十个，每个重一两八钱。二连珠炮属于大连珠炮的小型版，每发装药一两八钱，装填铅子五个，每个重一两八钱。两种火炮各备弹二十发。

手把铳属于单兵用火门枪，口径约16毫米。该铳每发装药八钱，装填一枚合口的八钱铅弹，装弹药比1:1，备弹五十发。同期的明代鸟铳口径为13—14毫米，打合口铅子，用药三钱。可见手把铳是一种大口径火器。该铳的上部有铜提手，便于携带及悬挂。除车载手把铳外，还有骑兵用手把铳，装药也是八钱，不过每发装铅弹两个，每个铅弹重一两。其战术目的是在骑兵冲击时近距离开火，尽可能地杀伤敌人。

盏口将军是盏口铳的改进型，将原先的石弹改为了爆炸弹。

《曾铣拟逐套虏阵图》共有八幅，不光在明军建制里增加了火器战车的使用，更分别对车兵在驻防、遇敌、防御、骑战、步战、出击、追击、归营八种情况下的应列阵形进行了说明。

第一幅为立营总图，分五股而行，最外围为选锋奇兵五队；第二层为选锋奇兵三队，一二层中间各夹霹雳战车一队；第三层霹雳驻车八队，居中与左右二路驻车俱两队合为一队，内二路各一队，通融为五路驻车之内，以粮车四面环列，罗为子围，子圈之中为中军旗鼓。左右粮车之外，各列霹雳驻车八队，并有霹雳战车二队布置在子围之后。霹雳战车、驻车与殿后奇兵又设三层，亦分五路。

立营图的初衷很直观，和永乐"长围"一样，以霹雳车为界，战马和军士皆在战车范围内活动，战车全部环列于外，还有第二层战车作为缓冲，第二层外还有最里面的粮车作依靠，层层防御，是很明显的立营防御阵形，可靠性非常高，后几张战图都是根据第一张图的阵法演化而来的。

第二幅是遇敌驻战图，当军队遇警，扎营待命时运用此阵法，为作战前的准备图。遇警以后，选锋奇兵迅速围拢，列阵在大阵的四角，将霹雳车列为两重，随车军士皆下马，马匹移动到车营的中心位置，各牌手（盾牌手）列于两车间的空隙处，每空隙牌手四面，大小连珠铳、手把铳、盏口将军等火器弓箭列三班，列于战车后、驻车前营，营内四角三队，攒整相掎，在营之四门，每门一对，分为两队列于门之左右。

遇警阵形颇有蓄势待发的意味，如果敌军骑兵往来冲突，则明军使用三段射伺机凭车击发火器，"更番迭出循环不穷"；如果敌军不退则击发车载霹雳火炮及弓箭，四角选锋奇兵再以弓箭相继，"则虏众可催矣"。

第三幅为前锋车战图，主要用于军队前锋作战。河套地区地形复杂，作战时需要多兵种配合，有骑战，有步战，步战就必须要依托战车的作用。如前锋报敌军势大，"川涌云集而来"，在敌我悬殊的情况下，当使用战车对敌。中军举号以后，前后霹雳战车全部出连营结队布为方阵，选锋奇兵埋伏于战车后、老营前，老营缀于最后一位声援，分三个部分，相互照应对敌，敌军逼近，步兵主要使用长枪和大刀，另外挨牌火器轮番攻打，选锋奇兵的骑兵看准时机奋勇突出，就阵擒斩。

其四为骑兵逐战图，主要是骑兵出战的介绍。一旦在战斗过程中敌军疲软将遁，车营不动，为防敌方使诈反杀，步兵要快速反应，排列成三排，交替射击掩护骑兵。选锋奇兵纵马逐战，使用弓箭、刀棍、手把铳击敌。

其五为步兵搏战。火器的威力宜远不宜近，骑兵利于平原而不利于险扼。在环境恶劣的情况下，在我军不备，敌军忽至阵前时，即派出前锋奇兵，马留营内，下马步战，营内军士不动，保守大营，用火器弓矢援助奇兵。综合四、五阵图，可见曾铣的车营中，选锋奇兵追逐时上马，使用手把铳击敌，由于马上装药十分不便，手把铳估计只能击发一次，所以接下来便使用随身的弓矢进行远程射击；接敌时下马，使用刀棍等冷兵器。选锋奇兵属于一种马上步兵。

其六为行营进攻图，用于敌方作战失利溃遁时。车营步步紧逼，前后战车俱分营之两旁，像一堵墙并列而行，阻挡敌方骑兵的突然冲击。同时四面奇兵一直前一殿后，保障车营尽可能在远距离射杀敌军

明代边防的火器与战车

骑兵。

第七为变营长驱图，适用于两旁险阻前后平坦的地势。以两厢战车分别前后首尾而行，将前后马步官军分为左右两翼，且战且行，火器手来到外围，为随时可能遭受骑兵突袭的车营提供远程火力的保障。这是一种较为慎重，趋向于防守的阵形。

其八为合功收兵图。功成回师时，如

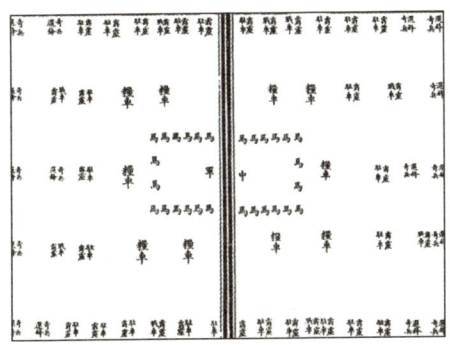
◎ 曾铣车营立营总图

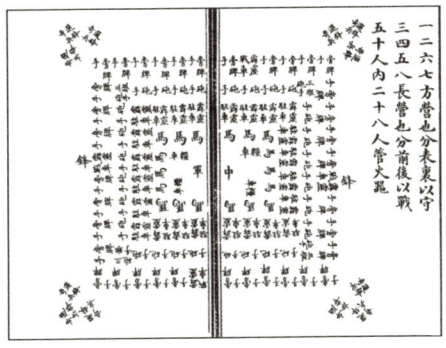
◎ 曾铣车营遇敌驻战图

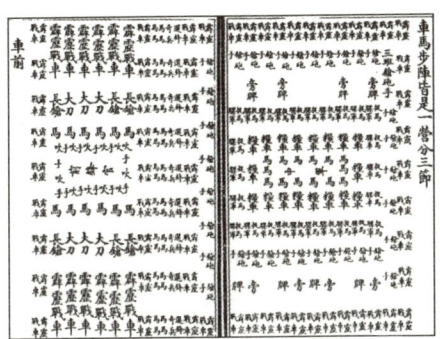
◎ 曾铣车营前锋车战图

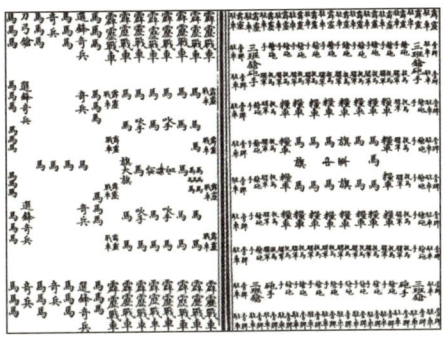
◎ 曾铣车营骑兵逐战图

◎ 曾铣车营步兵搏战图

◎ 曾铣车营行营进攻图

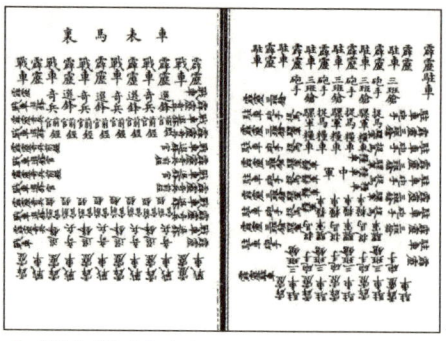

◎ 曾铣车营变营长驱图　　◎ 曾铣车营合功收兵图

有敌再战，则中军举号鸣金，包括选锋奇兵在内的所有军士全部进入车营，并用车载火器击打敌方。遇夜则马军战车合归大营，发奇兵二三百名，每五十名为伍，分投哨探于大营之外，坐更传筹以严警报。

总之，曾铣车营的灵魂在于车载火器，所有战法的施展都离不开通过击发火器扰乱敌方行动或直接击溃敌方的战术。

选锋奇兵则是车营中的精锐，相当于欧洲16世纪的龙骑兵，是车营中的左右手和唯一的机动力量。奇兵的战斗任务非常重。立营时，奇兵在四角警戒；敌人来攻击的时候，奇兵不入车营，在外围用弓矢击敌；敌人败退，奇兵要追击；夜晚宿营时，奇兵要警戒。因此，他们要学会使用多种冷兵器，如刀、棍、弓箭；要学会在马上娴熟地击发大口径火器；还要有超强的意志力，在敌方大举进攻和与敌对射时不崩溃。

至于车营中的战车，也具有多种功能。一方面，战车是火器的运输工具和发射平台；另一方面，它们又给选锋奇兵提供战术依托、防御工事和火力支援。

曾铣的车营规模虽大，但却是依据河套复杂的地理环境制定的，因此使用灵活，战术多变。更加重要的是，车营的规模与冷兵器时代的旧有战法相比，显得相当有"性价比"（当时明廷中提议恢复河套的大臣不在少数，很多人按照旧有的战术构想，认为如果要恢复河套，须用兵三十万，携粮三百万石，马步水陆齐进）。

曾铣的这次军事布局筹划极具划时代意义。他看清了明代边防的现实条件，明白已经无法再实行那种轻骑捣巢的战术，同时明军已经开始大量使用火器，于是将火器战车正式纳入军事编制中，使之成为明军抵御蒙古骑兵的核心装备。这也是明军火器车营军事体制的开始。

火器时代的拒马枪战术

明初以来，明军的马政不容乐观。洪武二十三年，全国官兵共1204923人，而作战的马匹却仅仅只有45080匹。所以，明军和故元骑兵进行野外作战的时候，难免会出现步兵对抗骑兵的情况。前面也说过，在野战状态下，步兵对抗骑兵的成本

明代边防的火器与战车

和风险巨大。但是在明帝国的数次出塞中，却出现了大量明军步兵对抗蒙古骑兵并且取胜的战例，如明成祖北伐战役。这些胜利都要归功于一种划时代武器的大量装备，那就是金属管形火器。当时这种新式武器有一个传统的名字——火铳。

火铳是在宋代火枪的基础上发展而来的。公元1132年，宋人陈规创制了长竹竿火枪，共造二十余条，竹筒里填装火药，用来喷火焚烧敌人的登城天桥。开庆元年（公元1259年），宋人又发明出突火枪。这种火器以巨大的竹筒为铳筒，其中装填火药和子窠。根据记载，使用这种武器时，子窠能够飞出并爆炸，声闻一百五十余步。这种火器可谓管形火器的前身，也是中国火器史上的标志性装备。但是竹筒制作的火枪和突火枪容易炸损，不能长期使用。大约在13世纪末至14世纪初，中国的火器迈进了金属管形火器的大门。

中国金属管形火器的发展方向主要有两个：如果要增大火器的威力，就造得大一些；如果是为了让士兵易于操持，就造得小一些。大小的区别成就了后来火器不同的发展之路，此后其中一种火器发展成为用于大面积杀伤敌人和攻城的大型火炮，另一种发展为手铳，成为用于单兵作战的小型火器。

下面，我们来理一下两种火器不同的发展脉络。

目前世界上已知的时间最早的元代火铳可被视为所有管形火器的祖先。元代火器分为大型的碗口铳和小型的手铳。

碗口铳也有两种类型，一种炮口如碗

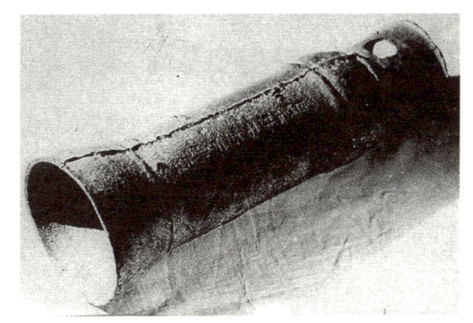

◎ 至顺年间的铜碗口铳

型，发射超口径石弹；另一种炮口如碗口大，使用合口炮弹。很显然，前者是一种走高抛弹道的臼炮型火器，后者则是大口径平射型火器。一尊铸造时间为元至顺三年（公元1332年）的铜火铳，重6.94公斤，长35.3厘米，铳口直径10.5厘米，发射合口石弹，铳上铭文刻有"绥边讨寇军"。这种火器属于碗口铳。

明代，碗口铳得到进一步改进。我国出土了一尊洪武五年（公元1372年）碗口铳，该火铳属于炮口如碗型的臼炮类火器。火铳上有铭文："水军左卫，进字四十二号，大碗口筒，重二十六斤，洪武五年十二月吉日，宝源局造。"宝源局是明初设立的铸造钟及铜钱、火器的专业司局，可见当时的火器生产已经相当规范。这款明代碗口铳相较于元至顺碗口铳趋向于大型化。根据测量，洪武型碗口铳重15.75公斤，长36.5厘米，铳口直径11厘米。

有观点认为，碗口铳算是一种小型火器，因为其本身的重量和尺寸都不大。但是根据出土文物和文献来看，碗口铳就是一种大型火器。根据记载，洪武五年的碗

War Story · 113

口铳属于中型碗口铳，其所打出的超口径石弹重量是三十五斤，射程远达五百步，约650米。另外，根据李氏朝鲜的《国朝五礼仪》，李朝制造的碗口铳所使用的超口径石弹，周长为三尺三寸，重七十四斤，碗口内径"一尺八分五厘"。按照李朝的度量衡，一尺约为27.6厘米，经过计算，此碗口的直径约为28厘米。李朝的碗口铳形制全部来源于明朝，由此可以得出，洪武初年的大型碗口铳能打出重量达到七十四明斤（约44公斤）的合口石弹，射程四百步，约520米。

文献还记载，在陆战方面，碗口铳发挥了非常大的作用。"碗口……乃攻城之第一火器"，说明此时的碗口铳同样也被用于攻城战。因此，洪武时期的碗口铳大多是作为大型臼炮类火器使用，击发多用抛射，从而得到更远的射程。

第二种碗口铳类型，即炮口如碗口大的大型火器，出现于明初。出土的洪武十年的大铁炮炮身自前到后有四五道箍，管壁较厚，后部两侧各横出两根提柄，供提运炮身之用。其尾部封闭如半球面，炮身全长1米，口径21厘米，尾长10厘米，两侧提柄各长16厘米。另外，由于铸造技术的进步，炮身改为铁铸，加强了炮身的耐用性。若发射合口的铁弹，大约有60磅的重量。从相关记载来看，由于重量关系，此类碗口铳多用于水战。根据《兵录》中描写的用法"照准贼船底膀平水面打去以碎其船"，可以看出当时在水战中已经大量使用大型火炮作为决定性打击力量。

此外，在后来的发展中，碗口铳还使用了霰弹、开花弹。总之，碗口铳不管哪一类，走的都是大型火器之路。

另一种单兵使用的小型火器——铜手铳在元代也已出现。出土的元至正十一年（公元1351年）的铜手铳，重4.75公斤，长43.5厘米，铳口直径3厘米。与元代的碗口铳相比，铜手铳口径小，重量较轻，但身管比碗口铳还长约8厘米，初速更高，

◎ 打开花弹的碗口铳，放铳方式为抛射

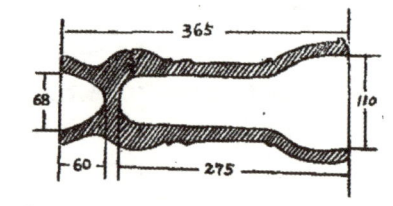
◎ 洪武五年碗口铳数据图（单位：毫米）

◎ 元至正十一年造铜手铳

明代边防的火器与战车

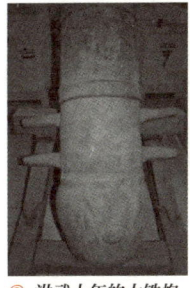

◎ 洪武十年的大铁炮

◎ 洪武大炮残留弹丸

穿透能力较强,主要用于杀伤敌方士兵。

另外,还有一款推断制造时间为元代前期的小型直筒铜炮在甘肃武威出土。炮内残留有火药及铁质弹丸,炮长1米,重108.5公斤。炮身简单粗糙,除口沿以外未加箍,也没有铭文。虽然其并非单兵火器,但铳口平直,与碗口铳完全不同,可以认为是铜手铳的简单放大版本。

明洪武年间,铜手铳有了改进与发展。这一时期火铳的尺寸和结构都缺乏相应的记载。不过考古发掘已经发现,明初的手铳由前膛、药室和尾銎三部分构成,铳身一般都有几道箍用于强化。洪武铳一般长42—44.5厘米,口径20—23毫米,重2.5—4.4公斤。在外形构造上,洪武铳增加了横箍的数量,尤其是在药室前后和前膛的后腰部各增加了一道横箍,有效降低了火铳由于装药或使用过多而引起炸膛的可能。在制造工艺上,洪武铳的表面比较光滑,管壁厚度相对均匀,外形美观。一般口径相差在2毫米左右,不到口径尺寸的10%,长度相差在3厘米左右,约为全长的7%。这样的制造水平,在当时处于世界领先地位。

既然火器已经发展起来了,而当时明军也面临着战马缺乏的困境,拥有"以步制骑"的迫切战术需求,过去战车又在"以步制骑"中发挥过重要作用。两者结合,明代火器战车的出现也就只是时间问题了。当然,一种武器的出现,即使是必然,在技术层面上也往往是偶然性事件,需要一次次的摸索和尝试。

明帝国最早出现关于火器战车的记载是在明英宗正统十三年(公元1448年)。但是战车雏形的产生却远早于此。一般来说,明代战车的雏形出现于明永乐时期的步骑混合大阵。

War Story · 115

在永乐年间，鞑靼太师阿鲁台因为不堪被瓦剌马哈木追击，无奈之下率部南下，向明朝奉表称臣。明成祖朱棣并不相信阿鲁台称臣的诚意，但是为了持续分化蒙古诸部，还是答应了阿鲁台的称臣请求，册封阿鲁台为和宁王，母妻皆为夫人，并赐金钱。自此阿鲁台生息渐繁，慢慢变得桀骜不驯，进贡途中不时"沿途劫掠"。明朝仍然以礼厚待，但是阿鲁台显然没有理会明帝国的苦心，反而将其当作明帝国软弱的标志，于是战争不可避免地发生了。永乐二十年三月，明边将奏称鞑靼阿鲁台率兵入犯兴和，明成祖忍无可忍，决议亲征，并在同年六月"横扫虏庭"，暂时带来了明帝国边境的安定。此役中，明成祖使用了步兵骑兵混合大阵，为战车的出现提供了重要的战术思路。另外值得一提的是，永乐八年，明成祖朱棣为北伐故元，命令制造武刚车三万辆，以用作运输工具和防御工事。

根据记载，永乐二十年五月，北伐大军自西凉亭出发，到达闵安。朱棣下令军中放牧、樵采者不得出"长围"之外。明军驻军布局时，大营居中，营外分驻五军，建中军、左哨、右哨、左掖、右掖。总体上，明军步兵居内，骑兵居外，使用火器的神机营则在骑兵之外，而神机营外就是"长围"。由于当时明军处于行军状态，这种布局应该属于野营。那么记载中的这种"长围"就不可能是土筑的土木工事，因为如有紧急事态不方便移动营地。这里的"长围"应该是指拒马枪。

明代的拒马枪是主要用于阻止敌方骑

◎ 用于抵御骑兵冲击的防御工事拒马枪及最外围阵图

兵冲击的一种防御类野战工事。如之前所说，步兵在野外遭遇敌方骑兵时，劣势十分明显。如果要保证步兵的安全，就需要在步兵前方设置一个能抵挡骑兵冲击的临时障碍物，让远射兵种能够安心发射，也让肉搏兵种有足够的时间列阵准备。这种障碍物就是拒马枪。

拒马枪的主体是一个大横木。使用时，将横木用铁枪五杆、横木四杆交叉架起，并用铁索连接。横木每个长七尺五寸，宽三寸八分；横木上每七寸七分钻一孔洞，孔径一寸三分，用于插射枪头。铁索打作长环，长一丈，重三斤半，一头钉在拒马上，一头设有一钩，用来连接。

步兵每一队编制为四十五人，装备拒马三架。其中每一个拒马配枪刀手五人，伏于铁索下方；弓箭手五人，立于铁索之后；神机手五人，立于拒马之后；另有执旗手二人在两段，驮骡随之。可以看出，在明军的战斗序列中，火器手的比例达到了三分之一。在15世纪初期，在世界范围内，这样的比例都是非常之高的。

另外要提一下，17世纪的奥地利军队为了抵抗奥斯曼帝国的骑兵冲击，也给步兵装备了一种绰号为"西班牙骑士"的反

明代边防的火器与战车

骑兵栅栏。这种栅栏宽达三米，两侧有坚固底座，中间的横梁上开孔，用于插入一种名为"猪羽"的短矛。这种短矛原来是农夫用于捕猎野猪的，后来被配发给奥地利的步兵火枪手。使用时，火枪手们将"猪羽"插在"西班牙骑士"上，矛尖呈四十五度左右斜向前方。这种栅栏既是一种"矛墙"，同时也可作为架枪的工具，

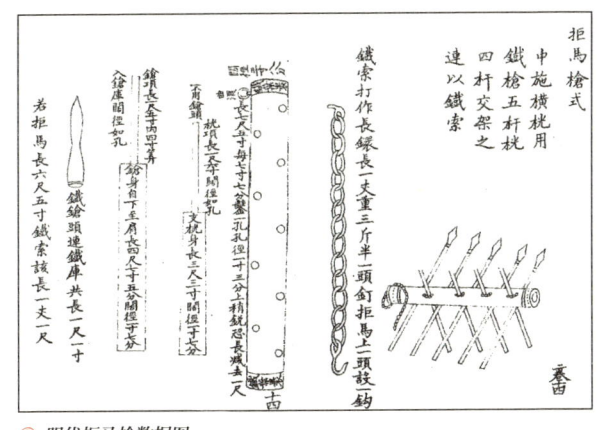

◎ 明代拒马枪数据图

很难有骑兵能够直接冲破这样的壁垒。"西班牙骑士"与明军的拒马枪极其相似。由此可见，在相同的战术需求下，东西方武备必然走向一种发展方向。

从战术角度上说，正是这种拒马枪式防御阵形，而不是随军的武刚车，为后来的明军提供了火器战车的发展思路，成为明代火器战车的雏形。明人曾这样描述拒马枪的作用：

"虏善战，势险而节短，五步之内，长兵技竭，复短兵不备，接战无伦，被冲即窘矣。用车难于履险，为垒难于猝办，拒马者，携垒以行而兼矛之用者也。"

这一段话中出现的两个"车"，意义并不相同。"用车难于履险"的"车"，自然不是带有火器的战车，而是指单纯用来阻碍敌方骑兵冲击的辎重车一类的车，也就是武刚车。后一句的"车"，指的才是后来出现的、用于野战战斗的火器战车。根据这段描述，我们可以看出，后来的明人认为拒马枪的作用和火器战车相同，既可用于作垒，亦可用于履险。再结合明军在拒马枪后使用单兵火器进行远程杀伤的纯步兵战术，可以推出，明军所需要的是一种既能让步兵在相对安全的情况下进行反骑兵作战，也能在平时如堡垒一样构成坚固外围防御工事的武器。简单地说，将拒马枪装上轮子就可以实现这个战术目标。不过，什么事情都是说起来容易，做起来却要克服这样或那样的困难，甚至要走不少弯路。

明代火器战车的攻势思维

如前面所说，明代正统年间，北方的蒙古诸部虽然受到明初三代帝王的高压打击，但是顽强的生命力却让他们在不久以后再次登上了和明帝国角逐的舞台。脱欢、也先等草原枭雄连续出现，导致明帝国的边防形势急转直下。

正统十二年九月，由于瓦剌不断南下，以及明朝马政的败坏，明军通常要以步兵

◎ 明代主要用于攻城的火车图

正面抗衡敌方大规模骑兵的冲击，因此建造战车的呼声越来越高。大同总兵官、武进伯朱冕上疏请造战车。朱冕请求修造的战车有两种形制，其中一种是用于阻止骑兵冲击步兵的辎重车辆，在行军途中可以运载辎重，作战时则可以结为营垒对敌；第二种是"火车"，是一种攻城用车。火车是两轮车，车的中部是一个炉，上面是一个锅，锅里盛油。使用前先烧炭煮沸油，同时在车的四面堆积柴薪。攻城时，将该车推至城门楼下，伺机纵火。城上敌人见火起，必会用水来浇灭，但是油遇火以后火焰更高，可以焚烧门楼，让守军失去守卫屏障，从而克城。

朱冕上奏的请复战车议在过去被认为是明帝国复兴战车战术的标志和起点，但是细究起来，却可以发现并非如此。

首先，朱冕请求建造的辎重车是从汉代开始就有的。其次，朱冕请求建造的第二种车辆并不是用于野战的战车，而是专门用于攻城的火车。而且前面也说过，对于步兵，辎重车抵御骑兵的劣势为不方便涉险、不利于筑垒。综合环境因素以及《明实录》中也先入犯的相关记载，我们可以得出一个超乎意料的结论：

随着也先部的南下，明帝国边境形势急转直下。明帝国边境的民堡、军堡接连失守沦陷。也先占领一地后，会在此地驻扎，搬运城中的物资，这从土木堡之变以后瓦剌搬运独石城物资数月之久就可以看出。那么朱冕请造战车，并不是为了野战准备，而是为了在夺回陷落城池的攻城战中使用！

辎重车不适合野战，但是朱冕依然使用辎重车而不是拒马枪，这是因为他根本就没有想和蒙古部野战或是进行长途奔袭的追击战。从这两种车辆的建造效能来看，朱冕的第一种车辆的作用是在沿边军堡陷落以后保障步兵在平原机动过程中不被敌方骑兵突然袭击，顺利抵达被陷堡垒。明初北方边界各个城堡的守备设施不完善，城墙低矮的夯土制堡垒比比皆是，瓦剌主要就是向这些堡垒下手的。而正由于城墙低矮，火车正好能焚烧到城墙上的门楼，最终驱逐敌军，完成军事行动。所以，朱冕复兴战车的意图纯粹就是城池之间短距离的救援攻城作战，而拒马枪无法在步兵移动过程中使用，亦不利于急行军。

所以说，朱冕只是想建造用于收复被陷城池的攻城类战车，而在野战战车方面却没有构想。不过，朱冕的奏议中确实提出了在军队行军途中以移动车辆来保证外围步兵安全这一战术思想。虽然起初仅仅是为了满足短距离作战的需要，但是这一构想对明帝国未来的战车战术产生了深远的影响。受此启发，一些人开始考虑，是否可以将永乐时期的拒马枪战术升级，即由"守"（大部分时候以驻扎时防御为目的）转"攻"（野战和攻城）。因此，不久以后，请求建造战车的提议接连提出。

正统十四年八月，出击瓦剌的明帝国亲征军在土木堡遭遇瓦剌大军，明帝国军队溃败，皇帝被瓦剌俘虏北狩，史称"土木堡之变"。几天以后，消息传到京师，京师大震。沮丧之余，京师地方迅速反应起来。其中，户科给事中李侃上疏战守之法，建议以"战车"击敌。李侃所说的战车，并非专门用于作战用途的车辆，而是临时征募京师内外的骡车。另外，根据李侃的奏疏来看，征用的骡车本身也并没有经过相应改造，这和当时的紧张局势有关。按李侃的计划，征募的骡车应列在明军四周作为屏障，车厢用铁索相连，并藏神铳于车内。交战时，车上的刀牌手五人趁空下车击敌，敌退时解开锁链便于骑兵追逐以取得胜利。

可以说，李侃此战术是明成祖时期拒马枪战术的升级版，堪称明代野战类战车战术的雏形。这一战术以战车而不是拒马枪作为步兵外围的防御工事。同时，李侃注意到战车和火器的联系，明确了战车上应配备火器这一基础思想。另外，李侃认为应先用步兵刀牌手与对方骑兵接战，然后再用骑兵进行追击，而不是直接用骑兵驰突，这正是依照北京的地理环境做出的最佳选择。当时京师城外巷陌街道居多，不利于骑兵驰突。在狭窄的范围内，步兵迅速出阵追击，"滚牌而进"，斩断敌方马腿，

扰乱敌方骑兵部署，能让明军取得优势地位。然后，熟悉本地建筑规划的明军骑兵可以从战阵的另一侧绕道到敌方骑兵之前，步骑夹击，最终歼灭对手。

总之，李侃大胆地放弃了以拒马枪拒敌骑兵的做法，提出了以战车拒敌，车辆载人施放火器，车、步、骑三个兵种相互配合的战术。这一战术思路影响深远，明军后来的野战战车战术基本承袭了李侃的这一思路。可以说，李侃的奏请为明代的战车战术输入了新鲜血液，这才是真正意义上的明帝国战车战术复兴的标志和起点。

李侃以后，火器战车在正统末年和景泰初年大放异彩，各式各样的战车先后制造出来并投入使用。不过这也导致明代火器战车走了不少弯路。例如明廷曾建造一批式样统一的战车，该车需要用马七匹，军士数人推挽，这应该是仿造古代战车形式造出的车辆。但是此类战车因循守旧，完全不考虑边境复杂的地理情况，且需要的军马数过多，所以一提出便受到了边将的抵制。其中，宁夏总兵官张泰认为，宁夏地区沟壑众多，使用这种大型战车不利于机动战斗。所以他奏请建造独马双轮小车，内藏兵器，史载该车"人多赖之"，"每试用，众辄称利"。但可惜的是，关于宁夏战车的武器配置并没有留下什么记载。

不久以后，正统十四年十二月，顺天府箭匠周四章提出改造宁夏战车和增加装备。他的战车每车安装四个板箱，其中有装填好神机箭的神机枪二十把，备用神机箭共六百支，战时可以直接使用。为了保证灵活性，战车不会太重。铳筒由于要用

叉子架住击发，长度也不会太短。这里取李朝所记载的中型单兵铳筒三铳筒的数据来计算，其口径约为1.6厘米，总长度约32.2厘米，射程达到1000米。

神机枪即明初的神枪。根据《武备志》和《明史》记载，这种神机枪发射箭矢而不是弹丸，为明初明成祖平安南时所得，大小不等。大型神机枪需要装载在车辆上击发，小型神机枪也需要用枪架或者枪托发射。大型神机枪用于守城，小型神机枪用于野战，是行军中非常重要的一种火器。

书中认为明成祖之前是不存在此类火器的。然而此说法并不正确，因为在明太祖时期，便已经出现了用于作战的"铳箭"。洪武二十一年云南沐氏对土蛮的战争中，就已经运用到了火器战阵。沐氏以火铳、神机箭为三行排列，对方的大象前进时，明军同时而进，第一排铳箭一齐发射，如果敌军不退则第二排、第三排依次放箭。《续文献通考》中记载，明朝初年规定每三年造"铳箭"九万支，这说明明初用火铳发射的箭型弹——铳箭已被大量装备和使用了。

神机枪到底源自何处，明代亦有不同的记载。《大学衍义补》记载，神机火枪箭矢用铁，点火击发，永乐皇帝平定安南以后，发现安南人制造的神机枪更为巧妙。《明史·张辅传》亦载，张辅和沐晟合攻安南多邦城时曾使用神机火器驱赶越南人的大象，这说明张辅等人在讨伐越南之前就已经装备有神机火器。那么这里的神机火器指的是什么呢？《广东通史》中有更详细的记载：安南人前来与明军接战时，以大象为前锋，张辅命令画工画狮子披在马上震慑大象，同时神机铳叠发，大象被铳箭打伤，皆退走。毫无疑问，神机铳发射的就是箭型弹铳箭。由此可知，神机枪并非学自安南，平定安南以后只是对神机枪进行了改进而已。

神机枪的历史更早可以追溯到元末明初。当时朝鲜半岛的高丽政权曾经向明朝学习过火器技术。神机枪是其学得的火器之一。比如恭愍王五年九月，高丽在南冈施放新制造出的火器，其矢没有箭羽。它发射的就是箭型弹，即为明朝的神机枪。此类火器在明代史料中不载规制，但是在

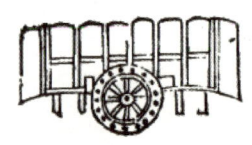
◎ 《练兵实纪》中的偏厢车图

◎ 《四镇三关志》中的偏厢车图

李朝史料中却被详细地记载了下来。

周四章的改造，采用了明初沐英所发明的三段射战术。周四章在每一板箱中都放置五个装填完毕的神机枪，御敌时可以直接使用神机枪相继击发。这就类似于"五段射"射法，火力密度和杀伤力都大为提高。所以当时宁夏战车的改制无疑收到了较好的效果，明廷也马上同意了对此战车的制造。

此后不久，景泰元年八月，大同总兵官郭登估计是受到了张泰的影响，请求建造偏厢车。郭登的战车，车辕长一丈三尺，前后横辕宽九尺，高七尺五寸。厢用薄板制成，各留放置火铳的射击孔。考虑到明代一丈约为3.2米，一尺为0.32米，这应该属于重型战车。

郭登的偏厢车在火器方面的配置也很强大。偏厢车阵形中，每车以二人击发神枪（即神机枪），一人击发铜炮，冷兵器方面还有长枪手二人、强弓一人、牌手二人、长刀手二人，共十人。可见，偏厢车配置的火器人员占到了车上人员总数的30%。偏厢车之外更有大小将军炮二十座，阵容不可谓不华丽。然而，和张泰战车的命运不同，明廷拒绝了郭登的提议。因为郭登修造此战车的目的是用于军民出城樵采。他认为若遭遇蒙古骑兵，可以将偏厢车作为一个坚固的堡垒来保护樵采的军民。但这种战术构想的投入和产出明显不成正比。明廷也认为其战车"可以守，不可以攻"，且阵容过于庞大，劳民伤财，最终没有投入建造。

景泰元年（公元1450年），陕西西兰

◎ 郭登战车议中的大将军炮，根据正德初年的大将军炮数据，其全长81厘米，口径22厘米，重348公斤，属于碗口铳类的大型火炮

县都指挥佥事李进又提出了一种战车的设计方案。李进认为，宁夏的战车虽好，但是追敌时山路崎岖，很是不便。于是他建议修造更为轻便的独轮小车，每车只用三人，行则为阵，止则为营。但这种每车仅有三人的独轮车，在火器配置方面却极为恐怖，共计有碗口铳一门、手把铳四门、神机箭十四杆、枪四杆。由于其为独轮车，推挽人数当为一人或二人，炮口如碗口大的重型碗口铳自然不会装备在车上，因此这种战车装备的碗口铳应该是使用超口径石弹的第一种碗口铳。按照该型战车所装备的火器数量来推测，遇敌时，士兵将用车上已放好火药的大量火器轮番射击，拥有很高的射击频率、强大的火力持续性和极大的杀伤密度。因此李进的战车属于实用性和可靠性都非常高的轻型战车。明廷也立即同意了李进的建言，命令其在本地修造车辆以为战守。

由于边将对战车的重视，明廷中的有识之士也逐渐注意到了战车的重要性。景泰二年，吏部郎中李贤上奏战车议，对战车的作用进行了详细说明，总结出了一套战车的基础理论。李贤认为，军中的拒马不能避箭，挨牌能避箭却不能拒马，而战车不但能起到避弓马的作用，也往往能够取胜。而战车取胜的原因全在于火器的使用，明帝国的长处就在于火器的大规模使用，其规模是前代所没有的。当步兵手持火器面对豕突而来的敌方骑兵，如果没有车辆的保护，往往手足无措，无法命中目标，所以步兵作战需依托战车。李贤的进言也是第一次正式提出"车以火器"这一战术理论，为明帝国的战车战术提供了正式的理论依据，这一理论一直被沿用下来。

同时，李贤也请求明廷修造新式战车。新式战车四围装备箱板，内藏军士，下留铳眼，上开小窗，车长一丈五尺，高六尺五寸，前后左右横排枪刃，每车前后占地五步。明代一步为五尺，约为1.6米，五步即为8米。李贤的战车"可谓有脚之城"，能让脆弱的步兵安心地在坚固车辆中施放火器，提高命中率和己方生存率。李贤的战车和郭登的相同，明显是大型战车，然

而和郭登难产的战车命运完全不同，皇帝命令马上开始修造这种战车。

总结明代初期到中期火器战车的发展之路，李侃、张泰、郭登、李进和李贤是当之无愧的倡议者和发起人。不过这其中，只有郭登的纯防御性战车提议没有被采纳。这就说明，明帝国复兴战车，就是打算用于积极攻击，而不是消极防御或其他用途。使用火器，特别是大口径火器，既可抑制骑兵的冲击，又可防箭，并且适合攻击作战。这些特点成为日后明帝国发展火器战车的几个必备元素。

壮志未酬的曾铣"逐套"

在明军逐渐完善火器战车的同时，蒙古草原上的形势也在剧烈动荡中。如前面所说，明正统十四年，也先击败明英宗亲征军并俘虏皇帝以后，声威大震，野心也达到了一个新的顶峰。此后，他和蒙古名义上的可汗脱脱不花决裂。也先使用离间计，让脱脱不花的二弟阿噶巴尔济与脱脱不花反目，杀死了脱脱不花。随后也先又杀死阿噶巴尔济，自立为汗。景泰五年，对也先早已心怀不满的阿剌知院起兵攻打也先，也先被杀，从此瓦剌由盛转衰。长期被打压的东蒙古贵族纷纷起兵反抗西蒙古，蒙古诸部又变成了分裂的局面。

也先一死，代表东蒙古鞑靼诸部的大酋孛罗忽、毛里孩等便和脱脱不花正妻萨睦尔太后共同拥立她的幼子马可古儿吉思为乌珂克图汗，号"小王子"，时间大约在景泰五、六年之间。孛罗忽和毛里孩二人

◎ 李贤画像

以乌珂克图汗的名义频频征伐瓦剌，瓦剌力不能敌。终于，在景泰七年，瓦剌部阿剌知院被部下所杀，毛里孩和孛罗忽雄视蒙古诸部。瓦剌自此没落，被打压了二十余年的东蒙古鞑靼部再次兴起。

进入天顺、成化年间，小王子乌珂克图汗被权臣孛罗忽所杀。毛里孩以此为理由出兵打败孛罗忽，孛罗忽被杀。毛里孩又拥立了前可汗的异母兄弟摩伦汗托谷思，亦称"小王子"。但是不久以后，毛里孩又杀死了摩伦汗，此时正是成化元年、二年（公元1465年、1466年）之交。

摩伦汗死后的较长一段时间里，蒙古部一度缺乏最高领导者。直到约成化十年，满都古丽汗才即汗位，太师是乩加思兰。成化九年以后，满都古丽汗率众进入河套地区，冬入河套，春季出套东行，后来逐渐演变成了明代十分出名的"套虏"。这是成化年间蒙古诸部内部的大致情况。

东部鞑靼的兴起，对明帝国周边的兀良哈和女真的影响颇大。天顺三年，孛罗忽积蓄了一定的实力，率领大军欲劫掠兀良哈三卫中的泰宁卫。明帝国闻讯以后迅速做出反应，承诺若孛罗忽劫掠泰宁卫，明军将出塞和泰宁卫一同征剿孛罗忽。可见在蒙古骚乱初始，明帝国就已经拿出了相当强硬的态度对待来犯的鞑靼军。了解到这种坚定决心的孛罗忽，由于实力还不足以和明帝国对抗，推迟了征伐三卫的计划。但是明帝国的强硬不能阻挡孛罗忽的东渐，此后，兀良哈三卫在孛罗忽所拥戴的"大元皇帝"的威令下，逐渐接受了孛罗忽的存在，甚至出现了使用故元官号的情况。

明天顺五年，孛罗忽统一鞑靼东蒙古，自称太师淮王（也先也曾经使用过这个称号），并在同年向明帝国通贡。搞定了明帝国的孛罗忽再次打起了三卫的主意。天顺六年九月初三，孛罗忽率领万余骑兵入侵兀良哈地方。同年十一月，孛罗忽再次率军二万，东掠朵颜三卫。让人啼笑皆非的是，孛罗忽大举进攻朵颜三卫，竟然打着替明帝国招讨的旗号。在大摇大摆地劫掠横扫了朵颜以后，孛罗忽竟然还恭敬地派人到明帝国献捷。前面以"大元皇帝"的名义欲劫掠兀良哈的孛罗忽，这次反过来用替明帝国招讨的名义攻打朵颜，并受到了明帝国的嘉奖，无疑达到了自己的目的。

再来看明廷方面。土木堡之变以后，兀良哈三卫获得了大量资源，在之后的时间里不断侵扰明帝国的边境，让明廷头痛不已。明廷很清楚兀良哈三卫摇摆不定，不能信任，但是也决不能将兀良哈推向孛罗忽一面。所以，在孛罗忽打着"大元皇帝"旗号征服兀良哈时，明廷马上拿出了强硬的态度欲和孛罗忽死磕。当孛罗忽打着明帝国皇帝的旗号侵略兀良哈时，一方面明帝国无法对孛罗忽做出处理，因为兀良哈确实时常劫掠明帝国边境，另一方面孛罗忽此举也确实削弱了兀良哈的实力，于是明廷只能默默地吃哑巴亏。

可是这一次哑巴亏对明帝国来说损失相当大。孛罗忽武力征服兀良哈以后，鉴于也先当年一味高压所导致的消极后果，对兀良哈采取了较为温和的招抚政策，从而收复了兀良哈三卫，削弱了明帝国对兀良哈三卫的控制力。不过幸运的是，孛罗忽在成化元年被毛里孩所杀，毛里孩在短时间内完成了蒙古诸部的统一。但是成化五年，立足不稳的毛里孩又被不满其统治的朵颜千户奄可帖木儿纠集各部酋长杀死。

纵观景泰末年至成化末年，鞑靼和瓦剌纷争不断，蒙古诸部重新陷入分裂割据状态，稳定的时间非常短，甚至在很长一段时间里连名义上的可汗都无法选出。蒙古诸部纷争不断，生产生活受到严重破坏，急需粮草和生活物资，于是纷纷南下劫掠。明帝国边境短暂的安宁被打破了。尤其是进入成化年以后，明帝国边境几乎无月不战，战火从最西边的延绥、宁夏一直延伸到宣府、辽东。南侵的蒙古人多为孛罗忽与毛里孩所率领的鞑靼诸部，其入犯规模和正统年间也先大举伐明的时候不相上下，甚至频率更高，损害更大。鞑靼部动辄数千数万规模的入犯明显超出了明帝国当时尚不完善的边境防御体系的承受能力。面对蒙古诸部因为割据而引起的大规模混乱，在整个成化时期，明帝国边军为减轻城防负担，频频和鞑靼大军在数千里的边防线上野外作战，以避免像土木堡之战前夕那样沿线堡垒被逐个击破的悲剧。但是因明帝国马政疲软，能够调动的骑兵数量十分有限，步兵的作用尤为突出，所以在成化年间，更多的战车车型相继被开发出来并投入使用。

成化二年，郭登又上疏请制战车。这次的战车可载军士九人，用二人推挽，战术思路延续了李贤的一套，即"行则为阵，止则为营"。其车的人员编制为一队四十八人，其中神枪手十人，弓箭手十人，刀牌手各五人，神炮手及弹药手八人，杂用者十人。战斗序列中使用火器的人数达到十八人，实在不低。

另外，在成化十三年，甘肃总兵官王玺也上疏请求改造兵车。王玺认为，兵车利处虽大，但是也有不足之处。比如战车遇敌发炮时，由于敌人不断移动，车辆需停下，然后随着敌人方向的变动而旋转角度，十分不便。边战边行，或者三面受敌时，更加难以御敌。于是王玺在旧式车辆上设置立木并安置转轴，上面安装神炮，这样可以让大炮不用停车就能快速变换任意角度，开火毙敌。明代的旋转类火炮——旋风炮就此诞生，这对战车可行性的提升具有十分积极的意义。

然而这其中也有一些插曲。比如弘治元年，都察院有一名叫李晟的官员请造战车，但是李晟的战车与之前的不同，居然只配有冷兵器，而没有装备明军拿手的火器。制造出来后，其所装备的弓弩只能射出二十步远，而且车身笨重，难以运转。由于过于笨重，明帝国的边境都不适合这种战车作战。但李晟却还不自知，接二连三地请求修造他的战车，以至于出了名好脾气的皇帝弘治帝也怒不可遏，将他一贬再贬。这位大人从弘治年间蹉跎到正德年间，最终被兵部呵斥为"大言无实，垂老不悟"，发回原籍闲住。

自正统年间到正德年间，战车的发明和改进不乏其人，装备和建造可谓为数不少。然而清代官修的《明史》却表示战车实属鸡肋，未能有效地对抗蒙古军队。事实果真如此吗？明代的战守档案由于各种

明代边防的火器与战车

原因,很多没有流传下来,所以我们很难直接了解战场细节。但是一些蛛丝马迹却能让我们找到当时战车的辉煌。比如《西园闻见录》中就对甘肃、宁夏战车有这样的描述:"天顺年间,臣守西安,曾办车料至宁夏成造兵车,用无不利,至今赖之。"这个"至今"的时间最早也在弘治以后。也就是说,宁夏甘肃的战车,在数十年的时间里,都起到了十分重要的作用。这个时间段内明帝国对抗蒙古侵略的战绩中,相当一部分应该属于战车。可以说,明代的火器战车正是因为历经正统、景泰、天顺、成化、弘治、正德数十年的发展,以及与蒙古草原上各部族实战较量的积累,才在嘉靖年间以车营的形式进入明军的正规军队编制,成为明代中后期边防武力中最核心的力量。

了解明代战车发展的前世今生之后,我们再回来看曾铣于嘉靖二十五年(公元1546年)提出的逐套大阵,就能明白这在当时是可行性和"性价比"最高的驱逐河套蒙古诸部的方案。

但是同时我们也要知道,一场战争,尤其是一场能一劳永逸、一战永逐套虏的战争,绝不是光凭一位将军、一个万全的车营,举朝上下的决心就能完成的。一场决定性的战争,还需要天时地利人和,以及一个能及时供给前方的后勤,还有一个能承载大规模军队的空间环境。

曾铣作为一个出色的军事家,自然不可能不知道这些的重要性。所以,曾铣还提出了一个配套计划。他认为首先要做的是重新恢复成化年间的定期"搜套"行动,即春季入套"搜套",秋季在边关守卫。将蒙古人赶出河套地区后,就要据河为城,分兵戍守。这是复套的第一步。

第二步是在河套地区重新设立行都司、卫所州郡以及守巡兵备道进行管理,并且在收复的河套地区屯田,军民一户给田二顷,并引黄河水灌田。这样在数年之后,河套地区就可以尽数复耕,明帝国从而可将河套地区重新纳入实际控制区,最终彻底解决河套的蒙古诸部。

作为三边总制,曾铣的逐套虏计划可谓步步为营,稳扎稳打。以定居河套、加强军备的方式来对付套虏,将河套地区从明帝国的"客地"变为"主地",彻底纳入实际控制版图,计划十分完善。

关于此次"搜套"的成本,我们在上一个章节有过简单介绍,现在来详细分析一下。

曾铣认为,"搜套"理应"大举",也就是发动全面进攻。因为曾铣的车营还只是构想,没有正式成军,所以在计算成本的时候,他依据的数据来源于传统的、以骑兵为主的"剿巢"。先来看看前期"搜套"的成本和规模。以五十日为限,"搜套"需用精兵十万,其中马军六万,步军四万。每名军士每日需粮食一升五合,三个月一共用米十三万五千石。马军中有战马六万匹,其中包括驮马一万二千匹,每日给料三升,草一束。十万大军三个月就要消耗粮豆十九万四千四百石,草料六千四百八十万束。以当时一石米折银一两二钱、草一束折银二分来计算,共需要白银四十二万七千六百八十两。再加上为鼓励军士奋勇作战,还需要给予厚赏和肉类酒水,预计需要犒赏银十五万两。总共用银达到了五十七万七千六百八十两。

如果"搜套"成功,套部远遁,则又需要二十万兵马负责守卫延绥和河套地区,包括卫所旗军十二万人,其中十万人修筑防御工事,十万人负责防守。这样每年一共耗费白银达两百万两,而且需要数年的时间来修筑防御工事。西北地区环境恶劣,士兵不愿服役,所以需要厚赏士兵,让他们安心戍边。十二万卫所士兵一个月除自带的粮饷外,另需米二万七千石。还有六万匹马,每匹马给豆一石一斗,共需豆七万二千石。总共需要米豆九万九千石。这些亦是不菲的费用,而且还不包括雇佣民车和饲养驮马以及牛等牲畜的费用。

另外,大造用于春季配合"搜套"作战的黄河战船等等的费用还没算在其中。

以上就是前期"搜套"一次战役的成本。《孙子兵法》里那句"日费千金,然后十万之师举矣"实在是说得有理。

曾铣还强调,之前调动宣大地区的客兵来西北守卫,一年就要花费白银一百五十万两。现在延长守卫时间,减少调动,每年也要花费白银一百二十万两。因此他的"复套"消耗,还不及宣大客兵一年的费用,此后的屯守修筑,也不过其三倍的消耗,所以他的计划花费并不算多。

考虑到曾铣的预算中人马消耗和客兵军饷占了大头,因此如果是七万两千人的车营,其中骑马步兵选锋奇兵只有两万,而且也不需要抽调山东客兵,开销其实要小得多。而且建造战车和打造火器属于一次投资、长期受益的基础建设。因此从性价比方面看,还是车营更优。

我们不妨再来逐句分析曾铣的计划。

首先是六万精锐骑兵的问题。这些精锐无疑大多数都要从宁夏和延绥征集。嘉靖二十八年,这两个镇的相关情况如下:

延绥镇辖下共有官兵 44036 名,马骡 20557 匹(头),消耗军费 513135 两白银,粮料 145440 石。宁夏镇共有官兵 31890 名,马骡 13343 匹(头),消耗军费 493866 两白银,粮料 318661 石;甘肃镇共有官兵 39882 名,马骡 18206 匹(头),消耗军费 517883 两白银,粮料 218673 石。

可以看出,曾铣所计划的六万骑兵对战马的需求量超过了三镇马匹的总和,更

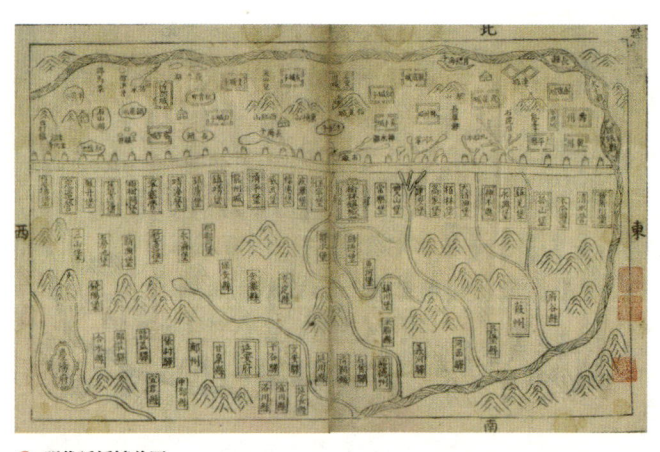

◎ 明代延绥镇总图

别说三镇的数据还是将骡子与战马合算的。而且这些军士和马匹要分布在三镇一共数千个城、堡、寨中驻防。也就是说，这六万骑兵能从三镇中抽调的马匹少得可怜。九边中其他地区的情况和这三镇相差无几，自然也指望不上。

再有一点，就是六万骑兵"五十日搜套行动"的粮饷问题。根据曾铣的说法，"五十日搜套"所用的粮饷一共三十七万六千二百余两，加上二三万两的火器费用，达到了四十万两白银之巨，是西北三镇各镇一年所费帑金的大半，而三镇的用帑包括军饷、城堡器械修缮、马匹军需购买等项。综合算来，单单就"五十日搜套"所用的帑金就和三镇中任何一镇一年的军饷持平，"搜套"成本之巨大，不言而喻。

此外，曾铣的计划里还有一些军事和政治层面的漏洞。首先就是"五十日搜套行动"是否能够成功的问题。成化年间，明军大将王越率兵"搜套"，当时明军在套虏立足未稳的时候一举扫除了套部，但是河套地区是否就从此长治久安了呢？答案是否定的。如前文所说，成化"搜套"不久以后，弘治初年，蒙古诸部再次进入河套，并很快形成了套部。弘治年间的两次"搜套"，不仅没有彻底扫除套部，反而遭到了套部的疯狂报复，明帝国九边生灵涂炭，其惨烈之状前所未有。也就是说，无论是在套患还未成形时，还是在套部站稳脚跟后，明帝国都无法彻底消灭套患。单凭这一次的计划，在广袤的河套地区，能否找到蒙古部族主力并将其彻底扫除，

都是未知数。而且就算明军能够消灭河套地区原有的蒙古部族，之后也难保证其他蒙古部族不会再进入河套地区。如上所说，所谓的"套部"并不是指一个固定的部落，而是指进入河套的部落。也就是说任何蒙古部落，只要进入河套，就可能是新的"套部"。那么，从根本上讲，只要河套地区还有能够放牧的草场，套部就不会消失，河套之患就不会消失。因此明帝国要在数年甚至数十年的时间里长期保持六万骑兵的编制，其操练、军饷、给养、安置的花费将是一笔天文数字。

成化八年（公元1472年）七月，明帝国曾商议囤积大兵，打算一次性"复套"。当时主战派并不在少数，而担任户部主事的余子俊却力排众议，争取到了成化皇帝朱见深的信任，阻止了"复套"的军事行动，并增修了西北地区东起清水营，西抵花马池，长达一千七百七十余里的边墙。成化皇帝为什么会被余子俊说服？余子俊给皇帝算了一笔账：若要复套，参加复套的边军要达到八万以上，马匹需要七万五千余匹。可是以明帝国在成化八年的岁入，只可给饷到第二年的七月。当时正值山西、陕西有很严重的干旱和冰雹等恶劣天气，一钱银子只能买七八升米。如果套部冬天不渡河回到北方，明帝国还要筹措第二年的需费。以八万军队的规模，米豆一年需银九十四万六千余两，每人运米六斗，共需一百五十七万七千余人。每一束草需银六分，共需银六十万两，每人运草四束，共需二百五十万人，往返两月，每人约需路费二两。加上其他零散费用，共要花费

八百一十五万四千余两!

可见,旧有模式下,在河套地区长期驻军的消耗非常惊人。对此,曾铣的解决办法是将这六万骑兵安置到新规划的河套卫所去,以屯田自给,从而减轻明廷的财政压力。

我们再来看看在西北屯田是否可行。明帝国建国一百余年来,由于屯田军队的大规模逃亡,全国的屯田面积普遍处于减少状态。嘉靖二十八年前,西北三镇虽然新开辟了一些田地以供军需,但是从数据上看,屯田数和屯粮数并没有相应地增长,反而大幅减少。要注意的一点是,西北三镇与其他镇屯粮数减少的原因有相同之处,但是也有一些差别。西北三镇屯田以及粮食产量的减少,很大程度上是当地越来越恶劣的自然条件造成的。

如前所说,经过了几百年的气候变化,西北地区已不再是隋唐时期富足的地方,这里沙漠化严重、降雨稀少。西北三镇北面即是直抵长城的沙地,土地非常贫瘠,相关记载在明代沿边记载中屡屡出现:"榆林沙漠不毛,军士寒苦至极。""镇城不产五谷,刍粮皆仰给腹里。馈饷不足。而连年调遣入卫、兵力少弱矣。""沿边诸处,地多荒漠。"到了万历时期,西北地区的沙漠化已经严重到"亲诣沿边踏勘积沙,形势甚大,逐一丈量。本道所属中路一带,东自常乐堡起,西至清堡止,俱系平墙大沙,间有高过墙五七尺者,甚有一丈者"。也就是说,当时的延绥及周边地区,沙居然已经堆到了边墙之上五七尺甚至一丈(3.1—3.2米)的高度!边墙的作用全无,蒙古诸部入犯内地易如反掌。"沙与城齐"这种情况持续困扰着中后期的明朝。所以,西北三镇因为当地环境过于恶劣,即使开垦了新的军田以备军需,但是情况依然毫不乐观。虽然曾铣有引黄河水灌溉的计划,但能否实行也是未知数。

最后再来看一下嘉靖二十八年明帝国的财政情况。嘉靖中期,明帝国财政压力持续增大,太仓银库的赤字情况十分严重。当年明帝国太仓的白银收入仅有1106100两(不包括存留银和各地运往九边的折银),却要支付各镇年例银430000两、新增年例银412047两、维修边墙的费用408446两、募军银234748两、防秋银964084两。这仅仅是九边用费,还没有算

嘉靖二十八年九边屯粮石数的原额与现额

军镇	原额	现额	差额
辽东镇	716107	277788	-438319
蓟州镇	不详	149200	—
宣府镇	254340	62302	-192038
大同镇	127000	127721	-721
山西镇	257746	111134	-146612
延绥镇	不详	66135	—
甘肃镇	603188	213380	-389808
宁夏镇	322722	175946	-146776
固原镇	365240	268550	-96690
合计	2646343	1452156	—

明代边防的火器与战车

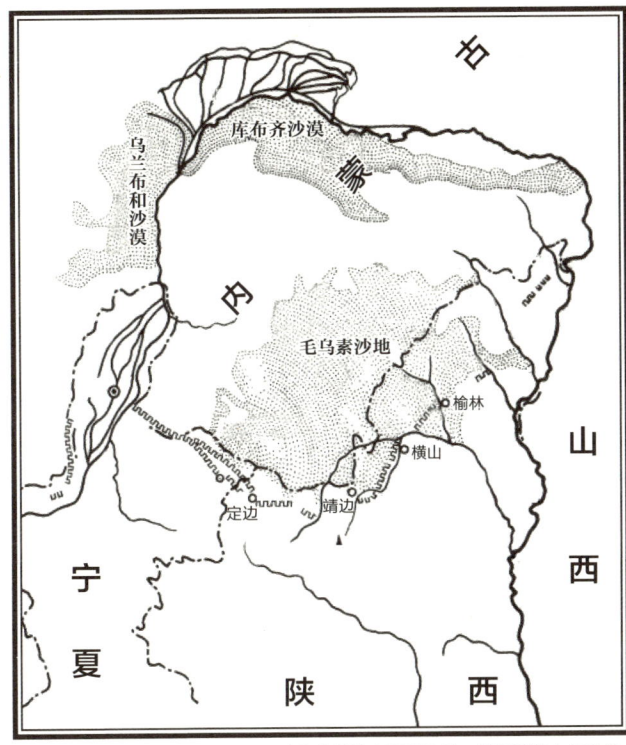

◎ 毛乌素沙地地理位置图。可见毛乌素沙地直抵明长城，地理环境十分恶劣，而明军进行的"搜套"活动，不可避免地要遇到穿越沙漠和后勤的严峻问题

东南水灾、西北亢旱的用度。可以说，明帝国根本不可能支付得起曾铣日后庞大的"复套"开销。

俗话说，钱不是问题，但问题是没钱。废除"开中法"后，日益增长的边境正常花费已经让当时十分低效的明帝国财政系统捉襟见肘，更别说宏大的曾铣"复套"计划的花销了。

其实曾铣在申报自己计划的时候，玩弄了一下春秋笔法。因为他列举出来作为对比的都是当时明军边防的日常开销，不管他是否"复套"，那些钱都是要花的。而他的"复套"计划则是要另外拿出钱来实行。

曾铣长期在九边领导军事工作，以上这些情况他不可能不知道。因此可以想见，曾铣先抛出那个不太可能实行的"六万骑兵复套计划"，再给出《曾铣拟逐套虏阵图》的车营计划，其实就是希望嘉靖皇帝能够了解边境的实际情况。既然传统的骑兵"剿巢"作战无法实行，那么不妨采用车营那种全新的作战模式。这也是兵部否决曾铣的提议，边境地方官员也不认可他的计划，只有嘉靖皇帝坚决支持他的原因。嘉靖皇帝认清了边境因为财政和马政的不利因素，已经无法支撑旧有骑兵"剿巢"战术的现况，因此打算以"复套"战略检验曾铣具有划时代意义的车营体系。

如果按曾铣的计划，明军水路并进，车营层层进逼，不一定能彻底扫除河套里的蒙古部落。但按照以往的经验，可以肯定的是，通过一场彻底的胜利，保证边境地区十余年的和平是没问题的。

可惜，嘉靖二十七年，曾铣不幸被卷入了严嵩夏言之争。在严嵩的构陷下，曾铣被下狱处死，史称此案"天下闻而冤之"。曾铣的车营设想就这样出师未捷地消失在了明帝国的历史之中。

历史上的古典冷兵器战车

目前，我国境内发现的最早的战车出土于殷墟，时间大约为公元前13世纪至公元前11世纪的殷商晚期。出土的商代车辆车厢高度为0.5米，轮径为1.2—1.5米；独辕，有直衡和弯衡两种，在衡两端上缚轭，用来驾马；方形车厢，车厢面积约为1.8平方米，门大多开于车后。另外，车马坑中车队全部为一车两马形制，并且有大量的兵器做随葬品，如铜质、骨质的戈、刀、镞等。由此可见出土的这些车辆是战车，并且在殷商时代，用于驱动战车的马匹数量为两匹。在殷墟以外，于殷商时期的方国地出土的车马亦皆为一车两马。这说明在殷商晚期，马车已在商人的统治地区传播开来，并作为战争工具投入了使用。

根据对随葬人员的分析，在殷商晚期的战车作战中，一辆战车的人员配置基本为二人和三人。但是从随葬的兵器数量分析，一驾两士的可能性不大，一驾三士当为主流。根据随葬兵器的位置，战车上的三人中，居中者为御手；居右者当为持戈的武士，承担肉搏任务；而居左的武士当为射手，持弓，同时配有近战用的戈。根据墓葬考古，商代战车还配备有二十五名左右的徒步士兵。

史料中不乏关于商人大量使用战车作战的记载，如《淮南子》中的商汤以战车三百辆在南巢与夏桀展开大战等记载。根据考古发现，殷商战车应该以五辆、二十五辆、一百辆、三百辆为编制级别。

总之，在中国刚出现战车的殷商晚期，战车的人员配置和装备较为完善，这也为后来周代的战车打下了坚实的基础。但同时需要注意的是，虽然战车相较于步兵具有相当大的优势，但在战场上，战车的运用并不多，由此可以推测出当时的战车成本较高，多是作为"撒手锏"和"奇兵"而存在的。

殷墟发掘出的战车在结构上与在两河流域、高加索、埃及和欧亚草原发现的战车遗迹相似点颇多，而且如此大量的战车突然在商代晚期出现，可以推出我国战车外来的可能性极大。

周代，中国进入了大规模使用战车的时代。在此期间，为了满足日益迫切的军事需求，战车的配置也发生了相应的改变。首先是战车的挽马数，根据现有文献来看，时人及后人多记载为"战马四匹"。如《诗经》中的"驷骐翼翼""四牡业业"、《左传》中的"驷介百乘"等。但是根据现有的考古发掘来看，沿袭殷商一车二马配置的战车依然存在。

春秋战国时期，随着战争规模的逐渐扩大，战车的发展有了长足的进步。以战斗型车辆来说，春秋战国时期战车的车厢增大为广14—16米，进深11米或12米。殷商和西周时期的战车车厢过于狭小，因此车上的军士只能紧紧背靠背来战斗，战斗空间很小。春秋战国时期车厢的扩大，使得战士在车上不会过于拥挤，活动空间变大，便于和敌方战斗。另

明代边防的火器与战车

◎ 中国殷墟车马坑遗址

◎ 中国甲骨文"车"字与卡尔梅克草原出土的黏土车模型对比

外,当时战车的车辕较殷商时期增长了数十至一百厘米,长辕易于平稳,较为省力;轮辐增多,辐多则轮坚。这反映了制轮工艺的提高和重型战车的发展方向。

与殷商时期战车作为"奇兵"作战不同,春秋时期车战规模扩大,车战很快成了主流的战争形式。如公元前632年晋、楚之间的城濮之战,春秋五霸之一的晋国一次性就出动了战车七百辆;公元前607年,郑、宋的大棘之战中,郑国一次就俘虏了宋国战车四百六十辆。春秋晚期,中国的战车规模达到了一个顶峰,晋国战车数量达到了惊人的四千辆。然而到了战国时期,虽然战车仍然在不断发展,战车的规模仍在扩大,但是战车在战场上的作用和地位却在迅速降低。这要归咎于战车本身的局限性。战车虽然是陆战的利器,冲击性、机动性强于步兵,但是其本身的问题却很多。

首先是环境因素的限制。随着战争的需要,用于战争的车辆变得高大而笨重,缺乏灵活性和适应性。在中国,战场环境十分复杂,南方多河网、森林、沼泽、丘陵,北方多山地与沙漠,平原地区相对较少,这极大地限制了战车的生存范围。一次大规模的战役,在双方出动数百辆战车的情况下,由于要摆出阵列,就需要非常理想的大平原环境,而中国这种少平原的地理环境难以满足这种需要。而且,战车的性能虽然高于步兵,但是一旦被步兵包围,丧失了冲击性,就难逃全军覆没的厄运了。在春秋战国时期的车战中,强国因

明帝国边防史：从土木堡之变到大凌河血战

◎ 西周车马坑

明代边防的火器与战车

◎ 战国时期一车四马战车复原图

为环境原因战败的战例比比皆是。例如公元前575年的鄢陵之战中，晋国的战车就因为陷在沼泽中而几乎全军覆没。又如晋国在与北方狄人的作战中，也因为战车受困而在前期吃了不少苦头，不得不"毁其车以为行"，这就是环境因素决定战车成败的一个深刻例子。

第二个就是战术方面的劣势。由于战车本身相对于普通步兵价格昂贵，驾车者也以贵族居多，所以在很多情况下如果作战不利，指挥官必须做出选择，即保车弃卒，所谓"殿其卒而退"。这一做法无疑会扰乱原有阵形，只能让大败变为惨败。

虽然存在种种劣势，但是如果没有一个更先进的兵种投入使用，战车无疑会以蓬勃的生命力继续存在下去。不幸的是，这样的先进兵种在战国时期出现了。它很快对战车在战场上的统治地位造成了威胁，让战车退出了历史舞台，并改变了未来中国近两千年的军事格局——它就是骑兵。

根据甲骨文研究和墓葬发掘，殷商时期中原地区便已经有骑兵出现。但是当时骑兵数量过少，装备和战术过于原始，战场效果并不为诸国所认可。中原地区骑兵正式作为一个兵种出现的标志性事件是赵武灵王的"胡服骑射"。武灵王十九年（公元前310年）春正月，武灵王面对心腹肥义，说出了自己的担忧。当时赵国虽然强大，但是四周强敌环绕，"中山在我腹心，北有燕，东有胡，西有林胡、楼烦、秦、韩之边，而无一兵之救"。武灵王甚至预言如果不尽早加以处理，"是亡社稷"。因此，雄才大略的武灵王不顾群臣反对，毅然决定胡服骑射，将骑兵确立为正式兵种。

这一新兴的兵种进入军队序列后不久就改变了诸国传统的作战方式。骑兵的机动性强，冲击力大，用途广，各方面皆优于车兵。"急如锥矢，战如雷电，解如风雨"是对骑兵作战最好的概括。在这种情况下，无论如何完善战车性能，骑兵取代战车统治战场也是不可逆的潮流，战车就这样在更加先进的骑兵面前败下阵来。

　　秦以后，随着高桥马鞍和硬质马镫的出现，骑兵更是迸发出了超强的生命力，而战车却逐渐成为骑兵的从属。在后来的车战中，战车队基本都以车骑相混的方式出现，如西晋时期马隆创偏厢车击败鲜卑、北魏太武帝北伐柔然动用战车十五万辆、唐代马燧利用战车大败安史叛军等。可以看出，历史的车轮越是向前走，战场上的战车规模就越小，战车的辅助倾向就越明显。可以说，随着时代的发展和骑兵战术的成熟，冷兵器时代的古典型战车已经被画上了休止符。

　　冷兵器时代的古典型战车最终消失于热兵器开始出现的宋代。相对于北方的辽与西夏，宋朝的马政长期处于劣势，战场上能够使用的战马数量极少。由于北方防线缺少马匹，步兵野外对抗骑兵的成本和风险相对较高，战术限制条件也多。作为主力的宋军步兵的训练情况也十分令人担忧，欧阳修就曾犀利地指出当时的边军将士"上下安于无事，武备废而不修，庙堂无谋臣，边鄙无勇将，将愚不识干戈，兵骄不知战阵"。尽管这一指责带有夸张的成分，但是也说明了当时步兵素质的低下确实是一个十分严重的问题。因此在宋仁宗

◎ 南宋重装骑兵复原图

时期，战车作为一种战略构想再次被提上了议事日程，为了对抗西夏政权，汾州团练推官郭固上疏请用战车，并提出了"陷阵车"的构思。

"陷阵车"以民车为原型，车厢增为重箱，高四尺四寸。战车中装备床子弩一架，每车五人，操弓者二人，操弩者二人，一人擂鼓指挥车辆的进退。车前辕设置蒙幢一张以保护推车者，车的四周覆盖上毡毯以防备矢石。一辆车需配备二十五人，车上五人，前后推车的十四人，执肉搏兵器者六人。这种战车可与步骑相杂，随机进退。

郭固设想的战车偏向于重型野战兵器。它在理论上攻守相宜、武器齐全。所以提议一经提出就受到了宋仁宗的重视，也制作了样车进行试验。但是最后，宋仁宗却并没有让郭固的战车投入到实战当中。

这是因为，郭固的想法固然是好的，但他却忽略了冷兵器时代战车投入使用的可行性。首先，他的战车过于巨大笨重，一辆战车就要十四人推挽，推车的人数将近车上战斗人数的三倍。一旦和西夏的骑兵展开作战，宋军的非战斗人员数量就十分巨大，这无疑增加了军队的战斗负担。其次，一辆战车上一架床子弩、两弓、两弩的火力密度和杀伤效力根本不足以击溃或迟滞敌方的重装骑兵冲击。另外，虽然郭固的奏议中提到了骑兵，但是在宋仁宗时期马政败坏的情况下，宋朝是否有能力长期维持车战的用马是一个问题。最后，骑兵固然用于追敌，但是一旦战车失去了骑兵的保护，在活动不便、非战斗人员数量巨大的情况下，进行战术移动是十分困难的。

除了以上战术问题，郭固的战车还面临着一个环境不适的问题。宁夏地区地势南高北低，境内有分布广泛的山地和丘陵，地表形态复杂。根据2004年的数据，宁夏地区丘陵占38%、平原占26.8%、山地占15.8%、台地占17.5%、沙漠占1.8%。可以看出，宋军如若在这样的地形上使用战车，可展开作战的区域十分有限。而骑兵在此地形上作战，受到的影响相对较小，这就更突出了战车本身的局限性。可以说，宋仁宗弃战车而不用，实非对军事的轻视，而是看出战车不可用这一点后做出的决定。后来，虽然宋军里陆续有人提出使用战车，但是都因环境问题而作罢。

总体来说，秦汉以后，战车便通常与大规模骑兵协同作战。唐代以后，随着中原政权马政的败坏以及骑兵战术、装备的崛起，再加上战车本身对于战场环境要求较高的局限性，在冷兵器时代的大环境下，古典型战车被淘汰就成了历史的必然规律。

"俞龙戚虎"的车营改革

"YULONGQIHU" DE CHEYING GAIGE

◎ 杨继正 暗夜惠玉

"俞龙戚虎"的车营改革

在明帝国的边防战略因为党争而遭遇挫折的时候,蒙古诸部却通过和明帝国一百余年的战争渐渐成长起来。尤其是在成化末期,达延汗继承汗位以后,在不长的时间里统一了蒙古,让蒙古诸部保持了较长一段稳定时期。在这期间,蒙古诸部对明帝国的战争慢慢转变成了大规模多兵种的野战、攻城战,明帝国边境压力骤增。达延汗以后,明帝国最强的敌人无疑是达延汗的孙子,也就是后来的俺答汗,又称为阿勒坦汗。明人记载"嘉靖中,吉囊(俺答的长兄)、俺答最强,犯我陕西、河东、云中、上谷"。嘉靖二十一年到二十二年前后,俺答的哥哥吉囊去世,俺答终于获得了独立的机会。他于东面赶走了察哈尔的小王子,于西面威逼河套地区的吉囊诸子。他的人马在东边从辽东、蓟镇边外起,西边直到甘肃、西海(青海迤西),并深入寇犯中原,席卷宣府、大同、山西各边,连年侵寇,逼得明朝为此加紧备边。尤其是嘉靖二十一年六月,俺答汗入犯,由朔州、雁门侵入,进犯太原以南沁汾、襄垣、长子、祁县,京师为之戒严。曾铣创立车营,不能说没有俺答汗屡次侵略的刺激因素在。嘉靖二十九年八月,在曾铣被冤杀的两年后,俺答汗更是从古北口入侵,包围北京城,举国震惊,史称"庚戌虏变"。其寇边程度不论从规模还是次数来看,都远远超过了他的祖父达延汗和更早的瓦剌也先。

另外,俺答汗喜欢拉拢并重用从明帝国逃亡到蒙古地区的汉人,这些蒙地的汉人多扮作明朝百姓及僧人为其担任间谍,窥探明帝国边防。明将往往疲于应对,顾此失彼,面对俺答汗的侵袭多不能守。俺答汗每次入边,动辄数万杀戮,有些地方甚至被屠为一片白地,百姓生活在水深火热之中,边境损失十分严重。

俞大猷的大同兵车

在边境十分危难的情况下,明帝国急需一场和俺答汗野战的大胜来鼓舞九边士气。终于,在嘉靖三十七年(公元1558年),左都督、太子少保、太子太傅陆炳秘密用钱财贿赂严嵩之子严世藩,释放被陷害的抗倭明将俞大猷出狱,到大同戴罪立功。

◎ 俞大猷雕像

大同巡抚李文进十分欣赏俞大猷的才华，经常与俞大猷筹划军事。也就是在这个时候，俞大猷详细地了解了大同边军和俺答汗军队的情况，因地制宜，创造出了让明帝国北方战局出现转机的战车战法——大同镇兵车操法。

俞大猷的大同镇兵车操法不是凭空诞生的，其基础正是当年曾铣的车营之法。不过，当时俞大猷面对的问题是明帝国九边普遍超高的支出，曾铣那种壮志未酬的大兵团作战更可能招致杀身之祸。

因此，俞大猷一改在东南时提倡用数倍乃至十数倍的兵力消灭对手的战法，开始提倡以步兵奇兵取胜的小成本战法。他发现，一直以来大同镇步兵对敌，都是驱马到敌军阵前，然后下马使用单手操作的环刀或骨朵御敌，和蒙古军使用的武器相同。但蒙古军是在马上作战的，所以交战时"彼高我下，万无取胜之理"。于是俞大猷将明军步兵的环刀、骨朵改为钩镰刀、虎叉、龙刀。这些武器长度都在七八尺（2.6米左右），可砍可刺，对付骑兵最为便利。俞大猷还安排士兵在作战时左手持圆牌、右手执环刀滚杀敌马（和戚继光的藤牌手相似）。这些改变让明边军步兵焕发出新的生命力，提高了步兵对抗骑兵的可能性。但是要在野战的环境下彻底击溃蒙古骑兵，这还远远不够，于是俞大猷又提出了其在两广地区使用过的新法——马上步兵、骑兵和战车配合作战，这也是大同镇兵车操法的前身。

俞大猷的战车车阵，用马上步兵十人，骑兵二十人，战车一辆，步兵十人，一共四十人为一队。遇敌则用战车列于前，车上军士击发弓弩铳炮，马上步兵骑马出阵，距离近到和敌军马匹相交时放铳及弓矢，完毕后回到本阵，之后骑兵趁机冲入敌阵砍杀，步兵十人专管割首级。战车车式为独轮，车前装有长矛，轻便易运，遇坑数人即可抬起。

兵法中所谓的"车胜骑、骑胜步"，是指步兵无法抵抗骑兵的践踏，而战车能阻挡骑兵的践踏，又能发挥火器优势。俞大猷根据这种相克关系，在训练初始车营有了一定成效以后，干脆放开手脚，创造了全新的战车及兵车操法。

俞大猷的新型战车车式，使用独轮车，车轮直径四尺六寸（约1.5米），直着铺设大木头二根，各长一丈二尺（约3.8米），两根大木头中间横三根小木头，以便推运，并有绳索三条以便挂肩挑扯。车前横一块长六尺的木头并竖着装上两小根直木作为屏障。车上共装大枪头四根，大佛郎机一门，

◎ 手持龙刀枪的明军甲士

"俞龙戚虎"的车营改革

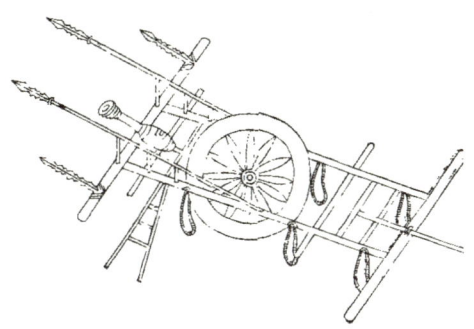

◎ 俞大猷战车分解图第一车式图，车前装大枪头四件，大佛郎机一件，小佛郎机二件

◎ 俞大猷战车分解图第二车式图，车前安皮牌二面，布幔一幅，月旗二面，每旁四人推挽，共八人，车后一人把舵，为管队官

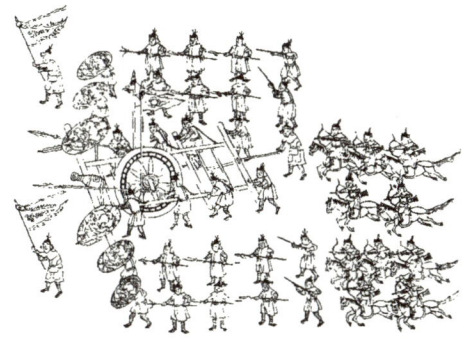

◎ 俞大猷战车分解图第三车式图，车辆两边各有四人推车，每旁执大旗一人，执挨牌二人，用虎叉一人，钩镰刀一人，拨刀二人，执神枪二人，鸟铳二人，车后把舵一人，骑兵十人

盾牌两个，小月旗两面，布幔一幅。车的后部中间有一根立木，相当于车的方向盘，由队官一人把握。车前有两个支架，停车时放下作为车架。车后又有两个铁锥，停车时插入地里，相当于船锚。车辆本身再加上车上的铳、牌、枪等，总重不过三百斤，以十六人分班推行，即使是崎岖险路也可顺利通行。各车相互配合，行则为阵，止则为营。

新战车每车五十人。其中大旗手两名，牌手四名，虎叉手两名，钩镰手两名，拨刀手四名，共十四人。这些人精习武艺，平时站在车旁，不参与推车，遇敌则前出冲锋破阵。推车者一共有十六人，分两班，一班八人，两边各四人推车。这十六名推车者并不是民夫，而是火器手。十六人中，有鸟铳手四人，神枪手四人（明代所说的神枪有两种，一种为前文提到的击发木矢的铳筒，另一种即为此神枪手所用神枪，枪管长一尺，木柄长三尺五寸，全长四尺五寸，约144厘米，重量达到十二斤多，用细铅子打散弹，一次击发二十余粒，枪长接近人的身高，且枪管细长，握法和鸟铳一样右手靠前），击发佛郎机并携带子铳者四人，拨刀手四名。这十六人只负责推车和守车，而不冲锋破阵。各兵不许放行李在车上，每四人给驮马一匹搬运行李，而且只有推车的人才能够把兵器放在战车上。最后有管队官二名，一人执车上青旗监督冲锋兵破阵，一人在车后负责掌舵及督兵守车。

◎ 手持鸟铳的明军甲士

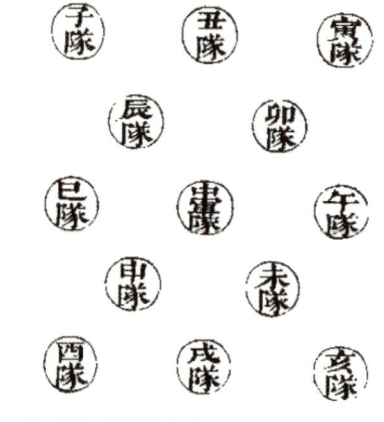

◎ 大同镇车兵小营操练阵图

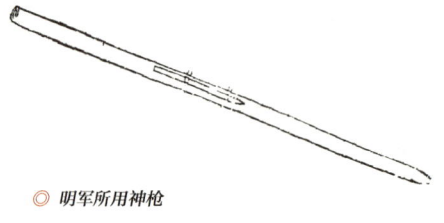

◎ 明军所用神枪

所有的车营官军都必须佩带一把环刀，以作近战之用。此外还有十名骑兵，另有八人专门管理三十二个步兵的八匹驮马。

最后再来说一下阵形问题。俞大猷以十三队为一个小营，共十三辆车，六百五十人。其中一队为中军，其他的十二队分为子、丑、寅、卯、辰、巳、午、未、申、酉、戌、亥队。每小营设千总官一员，把总官二员。把总官一个要督促冲锋官兵破阵，另一个要督兵守车。十三小营为一大营，共八千四百五十人，其中一小营为中军，其他十二小营为子、丑、寅、卯、辰、巳、午、未、申、酉、戌、亥小营。每大营设参将一名。

俞大猷的兵车操法走的是人少而精的精兵路线。要求所有的作战单位都能用环刀近战，火器兵能熟练地击发火器，近战单位也要能够施放弓矢，让兵车的军士能适应各种突发环境下的作战要求。

俞大猷认为，若要破敌，必率战车三百辆，约用步卒万人，另用骑兵一万人藏于车营中，再有骑兵两万人布埋伏于四方要路。兵车的作用是依托火器和战车截断并冲散敌军骑兵，然后明军骑兵从车营和埋伏地出击歼灭敌人。

可以说，俞大猷的车营更接近传统，因为作为伏兵的骑兵和车内骑兵起到了至关重要的作用，战车议里骑兵的数量甚至达到步兵的三倍。如果单有战车，而没有埋伏的骑兵和车内骑兵的话，俞大猷的战车阵营就是不完整的。这么看来，俞大猷的大同镇兵车操法，其实很符合当时明帝国边境情况和财政的双重要求，不用重新征募新兵，只需抽调边军训练即可；也不用大兵团作战,只需注重冷热兵器的相互配合;更不用和曾铣一样需要大量的火药等军用物资。因此,此战阵无疑给已经十万火急的明帝国边防注入了一支强心剂。

验证俞大猷车营效果的战斗马上就打响了。在俞大猷积极训练车营以后,嘉靖三十九年十二月,总督李文进率领训练有素的战车百辆、步骑三千(明史里此段记载有误,按一辆车五十人计算,百辆战车应有步骑五千余人),大败数万蒙古军于安银堡,追奔蒙古军数百里。此战直接证明了俞大猷战车的可行性和作战能力,也为在各边作战不利的明军发出了一个相当积极的信号。

不过可惜的是,由于明末清初大量记载明军战绩的塘报被损毁,我们已经无法知道这次大胜的具体细节了。但仅凭五千车营,没有动用附属骑兵,就大败数万蒙古军,足可见俞大猷车营的强大威力。

此前,大同总兵官刘汉在出塞焚毁蒙古"版升"(即固定房屋,指蒙古诸部定居的城池)的战役中,也听取了俞大猷的建议。李文进乘势将俞大猷战车式上表于朝,明廷对该战车议亦赞许有加,并下令在九边、京营成立兵车营。可以说,京营有车营即自俞大猷始,而俞大猷的战车也影响了明军后来的战车编制,大同兵车操法成为嘉靖时期战车战法的巅峰之作。

戚继光的蓟镇兵车

蓟镇是明代为防御蒙古部族进犯、保卫京师而在北方边境设立的一个军事区域。因其地在蓟州、永平、山海一带,故以"蓟"为该区之名,称作蓟镇。蓟镇是明帝国京师的北大门。俗话说"门户固,堂室安",只有蓟镇防卫稳固,北京才会安全。所以就重要性来讲,蓟镇居九边之首,明嘉靖之后尤其如此。因此,每次蒙古部族破边而入,就有一帮边防大员要掉脑袋。比如嘉靖二十九年(公元1550年),蒙古俺答汗从古北口西黄渝关入,进犯北京,大掠而去,兵部尚书丁汝夔等因之被朝廷斩首。嘉靖三十八年(公元1559年),蒙古把都辛爱部从潘家口入,进三屯营,掠遵化、迁安等地,总督王忬也因此被杀。嘉靖四十二年(公元1563年),蒙古骑兵入墙子岭,大掠顺义、三河,总督杨选亦被问斩。

但是,一连串地砍边防大员的脑袋,并不能减轻蒙古部族对蓟镇所形成的军事压力。于是,隆庆元年(公元1567年),给事中吴世来建议调抗

◎ 戚继光雕像

◎ 鸳鸯阵

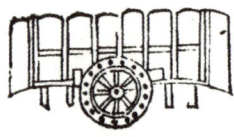

◎ 戚继光的偏厢车与轻车

《练兵实纪》记述的是戚继光在蓟镇的练兵心得,改进的车营战术和其在明帝国边防体系上的贡献。

戚继光到达蓟镇后,立刻就发现了蓟镇和其他各镇的不同。蓟镇背后是京师近畿,在战略上就不能像其他各镇那样进行防守反击,必须把威胁阻挡在边墙之外,使京畿重地不受骚扰。另外,绵延两千余里的防线也使得明军通常只能以劣势兵力对战全力破关的蒙古主力。可见,蓟镇明军的战术需求首先是防御,而最具防御力的武器莫过于战车了。于是,戚继光找到了俞大猷,并在其帮助下建立了自己的车营部队。

在戚继光的时代,明朝战车已经发展演变了上百年,因此车辆的制式各不相同。戚继光到任后,立即统一了战车制式。他首先使用了俞大猷的正厢车,也就是防御屏障在前的战车。不久之后,为了加强车

◎ 俺答汗雕像

倭名将俞大猷和戚继光到北方训练蓟门士兵。最后,明廷决定只调派戚继光前往蓟门练兵。

要说明代哪个将领对后世影响最大,那就非戚继光莫属了。他的影响力,很大程度上是来自于他的两本著名兵书——《纪效新书》和《练兵实纪》。《纪效新书》主要记载了戚继光在南方抗倭时的战略战法和军事经验,以及他流芳百世的鸳鸯阵法。

"俞龙戚虎"的车营改革

营的防御效能,又使用了防御屏障在一侧的偏厢车。

戚继光的战车每辆配备二十名士兵,分为正、奇两队,每队十人。操作战车的为正兵队,随车作战的为奇兵队。在编制上,一辆战车被叫作一宗;每四宗为一局,设一个百总;每四局为一司,设一个把总;每四司为一部,设一个千总;每二部为一营,设一个将官;一营共有战车128辆,官兵2603人。128辆新型的偏厢车连接起来,能让车营"四方行俱如墙",成为一个木质要塞。但光有防御工事还不行,往往处于兵力劣势的明军要想击败善于骑射的蒙古骑兵,自然就需要更为旺盛的投射火力。

戚继光的车营与以往不同的是大量装备了新式火器。戚继光装备的第一种新式火器是火绳枪,也就是鸟铳。这是欧洲人带来的一种新式火器。嘉靖元年(公元1522年)明军在与葡萄牙人的西草湾之战中就见识到了这种火器的厉害,之后便开始大量装备。比如,嘉靖三十七年(公元1558年),明军一口气列装了一万杆鸟铳。明军的火绳枪一开始多用于水战,后来才逐渐装备给陆军。

这种新式火器的优势在于身管长,初速高,准确度高。明人用其射击木板的结果是"洞而不裂",戚继光则评价道:"鸟铳远射及准。"这里要特别提一下准确度这个问题。鸟铳作为滑膛枪,准确度自然不如后来的线膛枪。但当时的鸟铳已经有了瞄准的准星,并且可以架在支架上射击。这种射击方式明显优于弓箭,士兵很容易上手,成为熟练射手,而弓箭只能通过人的背部肌肉、手指扣箭力度以及射箭的姿势来保证准确度。另外,现代弓术爱好者的弓箭拉力大多为四五十磅,而明军用的战弓最基本的拉力就有六十斤,换算成磅数已经接近八十磅。就是这种远超普通人

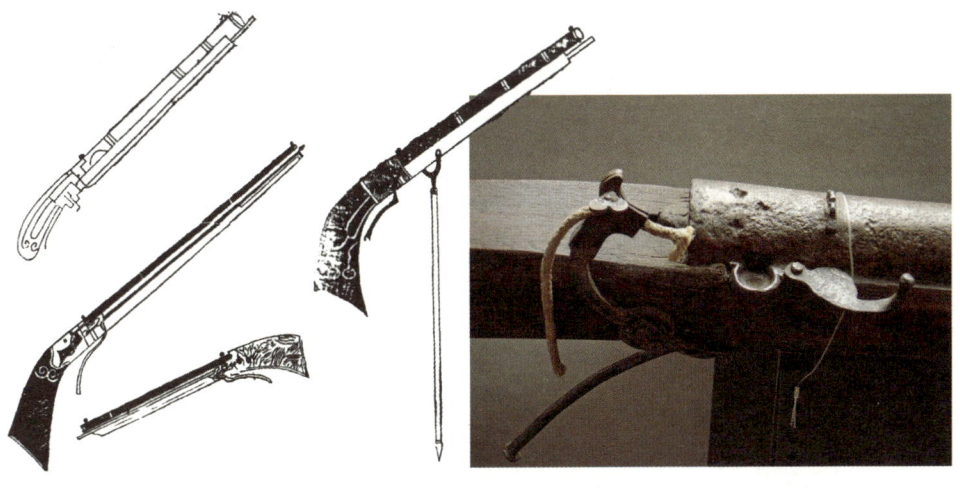

◎ 鸟铳图解　　　　　　　　◎ 鸟铳的击发装置

射箭强度的弓，也只是被定为"下力"。在明军的体系中，八九十斤的弓被称为"中力"，一百二十斤的弓为"上力"，超过一百二十斤的弓则被称为"虎力"。所以合格的弓箭手必须经过严格训练，这又导致弓箭手训练周期会十分漫长，以至于宋明两代都设有大批的民间弓箭社来培养合格的弓箭手。另一方面，在战场上，弓箭手也很容易疲劳。最为关键的一点是，面对拥有防护的目标，鸟铳的杀伤后效明显强于弓箭。这样综合起来看，鸟铳的优势就更明显了。

但这种新式火器，当时北方明军使用得却不多，北方工匠制造的鸟铳也大多不合标准。因此戚继光赴任蓟镇后不久就向朝廷要求招自己的浙江旧部一万人来担任蓟镇边军的教练，再由熟知鸟铳技法的北军训练其他北军。可见之前鸟铳主要是由南方明军装备的，是戚继光首先将其大量应用于北方边防。

不过鸟铳也有它的劣势，如戚继光所说："鸟铳虽速准而力小，难御大队。"在平原上，仅凭鸟铳齐射，是不可能抵挡住蒙古骑兵的冲锋的。所以，实际上戚继光车营的火力核心是另一种新式火器——狼机铳，也就是佛朗机炮，一种长管后装轻型火炮。车营当中每车配备两门狼机铳，每门狼机铳配备九个子铳，三十斤火药，一百发铅弹。根据推算，一发铅弹所需火药为0.3明斤（约178.5克）。这种火炮的长度在五尺（1.6米）到七尺（2.24米）之间，口径一寸六分，合51.2毫米。推算其铅制弹丸重量在740克左右，即约1.25明斤。射程一里有余（536米以上），百步（约160米）之内可洞穿人马，可见该炮威力不小，足以在弓箭射程之外对蒙古骑兵造成可怕的伤亡。

总体而言，戚继光车营就是以狼机铳和鸟铳为主要投射火力的。每辆战车的正兵队中，车正配备旗枪一杆、腰刀一把，负责指挥全车战斗；舵工一名，专管战车方向；镗钯手两名，除各自带一柄镗钯外，还各配有火箭六十支；佛朗机手六名，每三人负责操作一门狼机铳。奇兵队长一名，持旗枪和腰刀各一，指挥全队作战；鸟铳手四名，装备三钱弹重火绳枪（口径约13毫米）一支，每人三百发弹药，外配双手长刀一把；藤牌手两人，藤牌一面，腰刀一把，投石索一个；镗钯手二人，与正兵队镗钯手合用火箭；另外有火兵一人，夹刀棒一根。

◎ 佛朗机　　　　　　　◎ 镗钯　　◎ 夹刀棍

"俞龙戚虎"的车营改革

◎ 大将军炮

与敌接战之时的战术是：如果蒙古军士以数十骑兵挑衅，明军不予回应。直到蒙古大部冲到五十步（约80米）的距离时，各种火器才一起发射，杀伤敌人大队。如果蒙古人顶着火力冲到距离战车只有一丈远的地方，奇兵队将从车下的活门冲出，与敌肉搏。届时，奇兵队将排列为四行，第一行军士手持双手刀，匍匐前进，利用手中的长刀砍断敌方马腿；第二行军士手持夹刀棒，击打因马腿被砍而落马的敌军；第三四行的军士手持长枪、镗钯，戳刺落马和还在马上的敌军。奇兵队最远不许离开战车五步，并且如果力气用尽，应迅速退回车内。在奇兵队进行肉搏之时，还有士兵依托偏厢车上的木质女墙继续射击，来压制敌人和掩护己方。可以看出，在战斗的时候，车营里的明军指挥系统是彼此错开却又互相配合的，这也符合戚继光一贯的用兵手法。

根据计算，车营所有火器一次齐射，共有768发炮弹和枪弹，弹丸投射量能达到近200公斤。这在80米的距离上将造成极为可怕的杀伤效果。除此之外，在车营指挥官直接指挥下的还有四门无敌大将军炮和四辆火箭车。无敌大将军炮为佛朗机型后装火炮，"横击二十余丈（64米以上），可以洞众"，主要使用目的为压制蒙古骑兵大队冲击，并采用了以霰弹射击为主的模式。该炮一次发射使用4斤火药，铁制霰弹365发，合口石弹一发；或不用石弹而装填500发霰弹。该型火炮一门配备30发弹药，四门合计120发。车营指挥官可根据战场环境需要，一次向20—80丈（64—256米）的战线上射击366发（单炮单子铳）—6000发（四炮三子铳预装轮放）弹丸。以上这种火力密度，如运用得当，能给进入有效射程内的敌人带来极其惨重的损失，足以瓦解一次万人级别的大规模骑兵冲锋。可以说，有这样的火力，很多时候都不需要奇兵队投入肉搏了。

中国兵法一向讲究"奇正相依"。车营作为堂堂之阵，正面迎敌，在兵法上即为"正"。而骑兵营和步兵营就是"奇"。戚继光以车营为中军，步骑张两翼，创立出了一套很典型的车步骑联合作战方法。

戚继光的骑兵营为十二人一队，三队一旗，三旗一局，四局一司，两司一部，三部一营。全营上下官兵约有三千人。左右两部的每队设队长一人，持腰刀弓箭，分左右二伍；鸟铳手两名为伍长，配备鸟铳和双手长刀；快枪手两名，各持快枪一杆；镗钯手两名，配备镗钯和火箭；刀棍手两名，配备刀棍和弓箭；火兵一名，负责该队后勤。中部的每司第一局各队各设队长一名，配弓矢腰刀；鸟铳手八名，配鸟铳、双手长刀；

镋钯手三名，配镋钯、火箭。第二第三局各队队长一名，配弓矢腰刀；弓骑兵四名，除弓箭外各配腰刀一柄；钩镰枪手四名，各配钩镰枪一杆，弓箭一副；镋钯手两名，各持镋钯、火箭。

骑兵营全营上下共有虎蹲炮60门，弹药1800发，每次发射直径约2寸、重约75两（4.69斤）的石弹一发，霰弹30发（重1两）或100发（三钱以下）。如果虎蹲炮要发射的是铅弹，由于"铅子体重"的关系，其"小子减半"，所以为霰弹15发或50发。此外还有火绳枪540支，快枪360支，弹药均为每支300发；弓箭1152副，每副配箭矢30支；还有火箭12920支。

由骑兵的配置可以看出，全营十八局，专为骑战设置的仅有中部四局，仅占全营总兵力的22%，其他各局武器配置多为步战所用。其骑兵营携带648副拒马枪，在训练中左右部下马步战，以拒马枪环绕营地，镋钯手在前，刀棍手在后，次为快枪手，后为鸟铳手，马匹由火兵看管。这个骑兵营的军队与其说是骑兵，更像是骑马步兵，以马匹机动，战斗以步战为主。而且该骑兵营中没有配置长枪，最长的兵器仅为镋钯，全营士兵除火兵外全部配置了远程武器，火器手之外的人均配弓箭。可以看出，这个骑兵营是以远程火力打击为主的。

步兵营的结构与骑兵营相同，同为十二人一队，分杀手队和铳手队。杀手队有队长一名，旗枪一杆，腰刀一把，弓箭一副；藤牌手两名，各配藤牌一面，腰刀一把；狼筅手两名，配狼筅两柄；长枪手两名，各配长枪一杆，弓箭一副；镋钯手两名，各配镋钯一杆，火箭三十支；大棒手两名，各配大棒一根，弓箭一副；火兵一名。铳手队队长配旗枪一杆，腰刀一柄，弓箭一副；鸟铳手十名，各持火绳枪一杆，双手长刀一把；火兵一名。步兵营的远程武器配置也十分突出，全营拥有火绳枪一千零八十杆，火器手占全营兵员数量的一半，这个比例在当时的世界上堪称豪华和先进。

不过，在携带了大量火药铅弹等沉重的作战物资后，粮食的携带量就难以得到保证了。步兵营士兵的双手长刀一把二斤八两，鸟铳一门五六斤，火药六斤，铅弹六斤，士兵仅武器负重便已达二十斤，约合现在的十二公斤，如再算上盔甲等物，已经很难随身携带更多的粮草。于是戚继光特意创立了辎重营以运送军粮。这个辎重营其实是将随身粮草单独分列，以车营护卫，以便跟随军队行进。辎重营随车有一百六十门佛郎机铳，六百四十支火绳枪，全营仍有相当强的火力，可轻易击退小股蒙古骑兵，甚至可以在车营未能及时到达的时候，作为依托配合机动性较强的骑兵营和步兵营进行反击作战。

除了创立拥有极强防御力和旺盛火力的车营、骑营、步营、辎重营外，戚继光还极其重视军队训练。他校阅弓箭手时，要求射手距离靶子八十步（约128米）远，靶子高六尺（约1.8米），宽二尺（约0.6米），三发二中，才是优秀。校阅鸟铳手时，要求射手距离靶子八十步远，靶子高五尺（约1.5米），宽二尺，最低标准是三发一中，十发七中为优良。其相关奖惩制度也很严格：校阅鸟铳手后，根据最终结果，

"俞龙戚虎"的车营改革

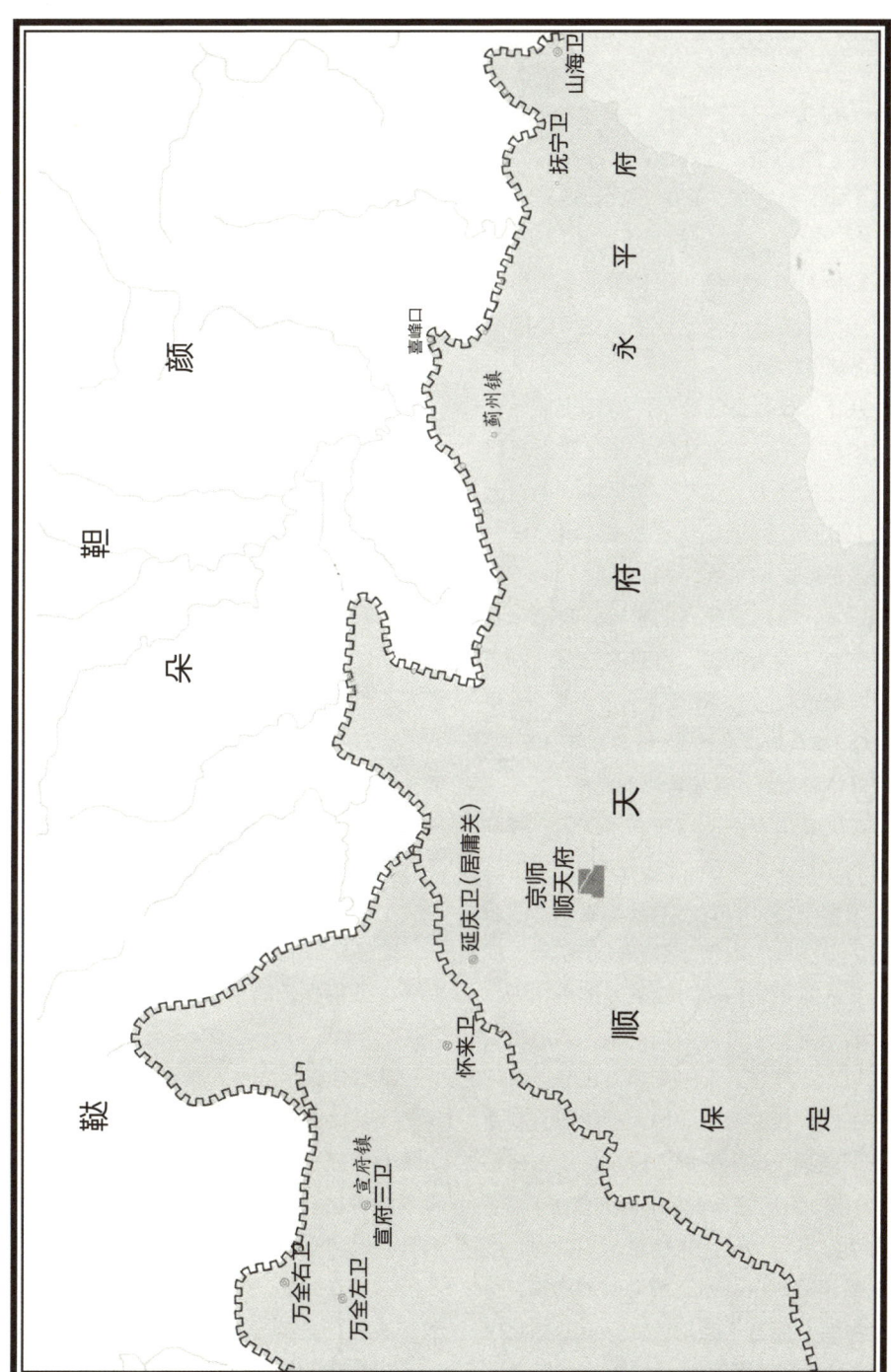

长城边防布防图

三发只中一发的人不赏不罚；三发中两发，赏银一分；全部打中，赏银五分；一次都没有上靶的，要打三军棍。被打军棍的人，之后再一发不中，打六棍；第三次校阅再一发不中，打九棍；到第五次若还是一发都不中，就要打四十军棍，并从军中除名。不愿意挨打的人，第一次罚银五厘，第二次罚一分，第三次罚一分半。弓弩手的赏罚与鸟铳手相同。

另外，戚继光还特别注意因地制宜。他提出：不必让工部拨给军器，只需要将制造军器的任务分工给各省即可。福建擅长造刀；浙江擅造鸟铳、战车。可以全力发挥各省特长。

总之，经过戚继光的整顿，蓟镇军队的面貌有了很大改善。当时的总督刘应节称赞戚继光道："总理戚某，文武兼资，才识相合，誓众则捐生报主，精忠可贯乎天日；治兵则转弱为强，训练真动乎鬼神。"

万历元年（公元1573年）二月，戚继光遇到了第一次考验。该月十日，蒙古骑兵入犯窄子谷，戚继光闻讯派遣官军截杀入犯的蒙古军，取得小胜。同年四月，蒙古骑兵入犯桃岭口，再次被戚继光击败。之后的五月二十日界岭口之战，蒙古酋长董狐狸、专难等人入犯蓟镇，戚继光率领游击王轸分兵迎敌。一场大战之后，蒙古军力不能敌，兵败溃逃，其酋长董狐狸被明军生擒。万历三年（公元1576年）正月，蒙古朵颜卫首领长秃入侵董家口关城，戚继光率领明军自榆木、董关两地出塞，穷追蒙古军一百五十余里，其麾下的标军李云生还活捉了长秃。

◎ 轻车

这一连番胜利得到了明帝国上下的一致好评，戚继光的车营体系得到广泛认可。他先后共装备了七个车营，布置战车1239辆，并建立了相应的防御体系，蓟镇自戚继光改革之后被公认为九边最强大的军镇。

当时的人这么评价戚继光的功绩："虏数苦蓟北，今修内备，不战而伐其谋，即军政无所课功，其功则上上也。"也就是兵圣孙武所说的"善战者无赫赫之功"。

除了"俞龙戚虎"，万历年间其实还有一位值得提及的军事改革者，他的名字叫作叶梦熊。

叶梦熊，字男兆，归善人，嘉靖四十年进士。他由福清知县调入为户部主事，负责向宁夏转运军粮。后改任御史，因为直言规谏被贬职为郃阳丞，后又经过多次提升，做到赣州知府，并在任上平定了黄乡的贼寇。此后，他被提升为浙江副使，改任永平。

在这段任期上，他深受戚继光的影响。

"俞龙戚虎"的车营改革

在"虏未尝一日忘中国,则中国亦不宜晏然无事,坐待其变矣"的忧虑下,他着手改进蓟镇的战车。首先,他分析了蒙古人的战术,总结出蒙古军队擅长骑射,专精于骑射的特点和原因:"自少而壮止一技耳,千万人亦止一技耳,故箭不虚发,骑追逐如飞,飘风急雨,顷刻蹂躏,势不可当,此其所长也。"然后,他分析出明帝国军事方面的优势在于火器和车营。他强调,蒙古人的弓箭和射术虽然强大,但是骑兵弓射程不远,而且箭矢轨迹可见,也可以躲闪,但火器的弹药是无法闪避的。

为了进一步加强明军在火器和战车上的优势,叶梦熊设计改良了大将军炮和轻车两件军械。大将军炮铳身原重一百五十明斤(112.5公斤),叶梦熊将其提高到二百五十明斤(187.5公斤),射程可达八百步(1200多米),使得"塞上火器之大者莫过于大将军"。叶梦熊改造后的轻车只需要两人就能推动,四人便可举起,上面放置火器刀枪,提高了机动性。

可以说,正是有了"俞龙戚虎",以及曾铣、李侃、张泰、郭登、李进、李贤、叶梦熊等人的不断探索和努力,明帝国才拥有了具有很高"性价比",能够发挥明军所长,克制蒙古骑兵优势的火器车营战术。而正是这套火器车营战术,让财政捉襟见肘、内部党争不断的明帝国在蒙古部族重新崛起的背景下得以稳定北部边境形势,并连续取得"万历三大征"的胜利。

来自女真八旗的终极挑战

LAIZI NVZHEN BAQI DE ZHONGJI TIAOZHAN

◎ 暗夜惠玉

当时间行进到万历四十三年（公元1615年），已经相对稳定了很长一段时间的明帝国边防线上又有了新的异动。因为就在这一年，建州女真首领努尔哈赤创立了八旗制度。明军也即将迎来终极敌人——后金八旗军的挑战。

步兵极精的女真八旗

我们先来回顾一下蒙古人的战法。在整个16世纪，蒙古人的战法堪称简陋。比如攻城，缺乏火器部队的蒙古人往往是将耕地的犁绑在长竿上，然后将长竿架在车上，人躲在车下面推车，当犁挂住城垛后，他们再顺着竿子往上爬。甚至有时候，他们不用车推，直接一群人用皮革包住身体，举竿往前冲。后来蒙古人改良过的攻城战术也不过是先用投石机扫荡城墙上的守军，然后蚁附攻城而已。总之，蒙古人极其缺乏火器，就算缴获了一些，也不舍得在攻击普通城塞时使用。野战状态下，蒙古人防御明军火器的手段也很简陋。一开始，他们的战术是看到明军打算开火就往回跑，然后派遣几个骑兵去当诱饵；引诱明军开火后，大队蒙古骑兵才趁着明军装填的空档一拥而上。再后来，蒙古人的战术才勉强改进到用门板充当盾牌，聊胜于无地防御明军的火力攒射。

另外，蒙古人在野战的时候倚重骑射战术。明初马文升便在《抚顺东夷记》里记载，海西、建州女真骑、步皆精通，而朵颜三卫只擅于骑射。而在同样使用弓箭的状态下，骑射面对步射本就处于下风，更不用说面对着拥有战车工事和火器的对手了。因此蒙古人虽然披甲率不低而且甲胄坚固，但在对射的时候往往是吃亏的一方。

另外，在战斗意志上，蒙古人也已经无法与过去那支曾横扫欧亚大陆的无敌军团相提并论了。数千年的游牧秉性——"不羞遁走"又一次占据了草原汉子们的胸膛。明人评价蒙古人最害怕遇到强敌，每次明军只要能斩杀一两个蒙古前锋，就能让上千蒙古人"啮指而遁，如鱼骇鸟惊，不可复聚"。所以明军特别喜欢重金招募精锐勇士，战时负责压阵杀将，往往能重挫蒙古人的士气，激起明军的胜利信心。

与之相对地，明军步兵在平原地区根本无法逃脱蒙古骑兵的追杀，只能依托相当于木制城堡的车营来拼死作战。正所谓置之死地而后生，车营内的明军战斗意志往往很顽强，再辅以坚固的车营庇护、凶猛的投射火力，击败缺乏攻坚手段、战斗意志薄弱的蒙古骑兵也自然在情理之中了。

这也是之前明军在内忧外困的情况下依然能够依托车营取得安银堡大捷等等胜利的原因所在。万历初年明帝国的财政在张居正的改革下趋向好转，以车营为核心的明军边防体系也能够更好地运转，从而给边境地区带来了一段较长时间的相对稳定状态。

但是，于万历四十三年崛起的八旗军队，却与明军以往所面对的敌人完全不同。后金八旗军以女真人为主，他们虽然出身于渔猎民族，但在明末农业化程度已相当高。牛录作为八旗军的基础军事编制，在平时则是基本农业单位。《满文老档》记

来自女真八旗的终极挑战

载"每牛录各出十丁四牛,垦殖荒地,设立谷仓,以备凶歉"。甚至一开始女真政权还基于东北地广人稀、土地资源相对充沛,通过分配土地,吸引了大量汉人流民投效。史书上记载,当时女真政权给投效的汉人每个劳动力用于种粮食的田地三十亩、种棉花的田地六亩。甚至连前来投靠的汉人乞丐以及僧人,都给予田地让其耕种。女真政权早期这种鼓励生产的政策很快就收到了良好的效果。根据《沈阳状启》记载,老家寨、土已古、王富村、沙河堡等四处农所共有田"六百垧耕",约合三千六百亩(按每垧地六亩为标准计算)。1642年,四处农所共收获谷物3319.18石,产量即为每亩地0.923石,正好相当于当时全国平均每亩产量一石左右的水平。因此以每亩一石计,若每丁授田足额,即六垧,除去一垧种棉花,所剩五垧种粮食,每年可以获得谷物30石。若以每牛录300丁计算,可获得谷物9000石。当然,以上仅仅是理论上的数字,不一定每个丁口都能授到田地,很多牛录也是不足额的。但是这些足以说明,入关前的女真政权已经脱离原始渔猎生产方式,开始转向较为先进的农业生产方式。"尔蒙古以养牲,食肉,衣皮为生,而我国则以耕田食谷为生矣。"努尔哈赤对蒙古人所说的不假。农耕对游牧的背后其实是生产力的巨大差距,因为更多的粮食生产意味着能够拥有更多更好的军事装备。另外,八旗军不同于战时为兵、平时耕牧的蒙古人,是一支由"伊尔根"(平民阶层)供养的常备军队。八旗军采取三丁抽一的制度,即一个牛录里的两个男丁供应一个兵丁的粮食和装备。由于此时八旗政权刚刚兴起,供应非常良好,战兵基本都能装备铠甲。

特别要提出的是,农业社会体系下的女真人作为集体劳动者,有着比以游牧为主的散居蒙古人更好的组织纪律性。努尔哈赤又下令所有士兵平时必须同吃同住,这毫无疑问极大地增强了部队的凝聚力。另外,八旗军队军纪极严,每逢战阵,每一队都有一名押队官,一旦有军士在行军打仗途中喧哗或者不听号令独进独退,押队官即用箭头涂了朱丹的箭射他,回营以

◎ 清太祖努尔哈赤

后直接斩首。

明人记载，八旗军在平坦地形上队伍整齐，层次分明；如果地形狭窄，八旗军则会合并成一路行动，层次不乱。临战时，八旗军士令行禁止，队伍齐整；战斗时，穿戴重型铠甲、手持利刃的肉搏士兵冲锋在前，穿短甲（两截甲）、擅长射箭的弓箭手在后面掩护，"巴牙喇"（八旗最精锐者）则骑马于侧后观望，随时接应和支援，起到督战队和预备队的作用。此时的八旗军拥有很强的纪律性和突击能力，并且擅于多兵种配合。

可是，当时的明军已经不能跟万历初年相比了。位于东北的辽东镇，在隆庆年间即设有车营，有战车二百辆。万历初期，在辽东巡抚张学颜和汪道昆的努力下，辽东镇一共制造了3867辆战车，超越蓟镇成为边镇中战车数量最多的军镇。当时宣府以东的蓟镇和辽镇共有超过五千辆战车。

然而，这些在蓟辽防线上大造战车、装备战车的盛况，却在万历中晚期逐渐消逝。一方面是因为俺答封贡，明朝北方边境的外患压力解除，作为防御力量的战车部队不再受到重视。另一方面，万历二十年（公元1592年）发生了抗日援朝战役，朝廷抽调蓟辽地区的战车远征，使得蓟辽战车部队的数量和素质都受到了影响。因此，叶梦熊之后，明军车营基本没有更大的改进。

在经历了"万历三大征"后，明帝国的财政进一步崩溃。由于财政虚弱，边军中可堪一战的部队越来越少，其中真正拥有战斗力的只有家丁部队。而边将为了加强家丁的战斗力，进一步占用一般士卒的饷银去厚养家丁，结果造成了"辽饷唯家丁厚""营堡军士月止四钱或两钱五分"。另有记载，当时由于官吏腐败，普通士兵的军粮往往腐烂得闻起来像粪便，里面还掺杂着沙土，甚至家丁们一匹马的待遇都要比普通士兵好得多。这种模式虽然保证了家丁部队的战斗力，但也使一般的士卒变得如同奴仆一般毫无战斗力。熊廷弼在看到辽东军鸟铳手"三十人射打通计仅中一铅"之后断言辽兵堪战之士不过八千人。更糟糕的是，当时辽东明军总额虽然有九万多，但分散于一百二十多个城堡之内。

雪上加霜的是，为了补充兵力上的不足，明军往往不得不下令招抚那些被打散的家丁部队，那些战败了还能把部队带回来的将领也能官复原职。这虽然是不得已而为之的权宜之计，但是败军之将官复原职，逃兵一样可以升官发财，毫无疑问会严重影响军法的威严和官兵的战斗意志。总之，这样的军队结构、布局和战斗意志，如果打打治安战、顺风仗还可以，但要面对数万精锐部队的正面会战，明显是不堪一击的。而这个拥有数万精锐部队的八旗军即将向明帝国发动挑战。

天命三年（公元1618年），努尔哈赤正式宣布"七大恨"，起兵反明。随后，努尔哈赤设计诱哄抚顺商人与军民出城贸易，乘隙冲入城中，将全城军民牲畜尽数杀掳。抚顺明军守将游击李永芳请降，努尔哈赤便将孙女许配给他，这是第一个向女真人投降的明军军官。史载，这次八旗在抚顺的大肆掳掠杀戮，明军损失裨将以下八十

来自女真八旗的终极挑战

余员,被屠军民几近两万人。

抚顺城陷落后,明军派出追击的部队反而被女真人设伏杀得大败,总兵官张承荫以下五十余军官战死。五月间,努尔哈赤先后拿下抚安、三岔儿、白家冲三座堡垒。七月,女真人又攻陷清河,明军副总兵邹储贤战死,周边明军望风而逃。

明廷对努尔哈赤一系列的杀掠行为十

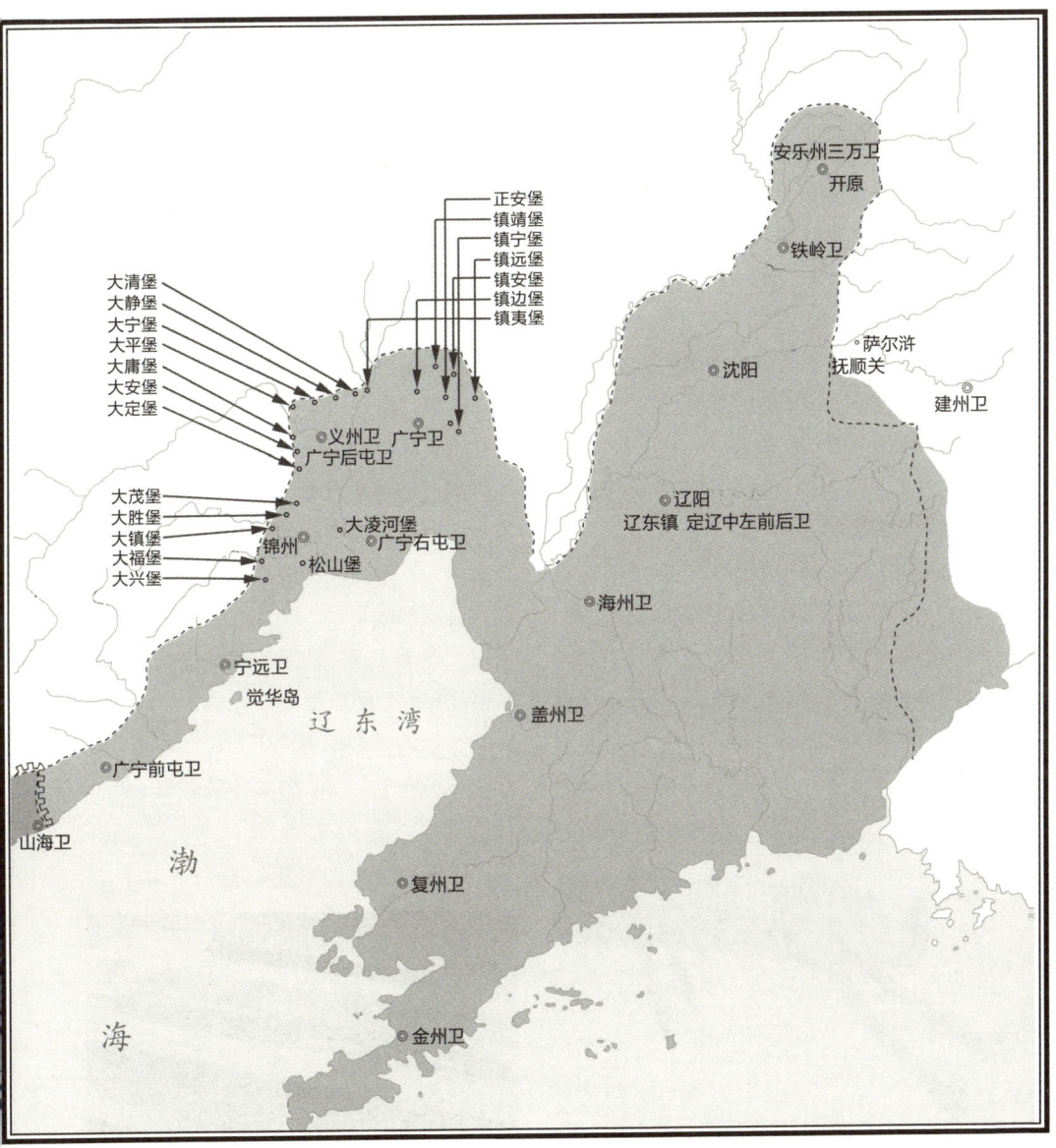

◎ 辽东地区布防图

分惊骇,急忙调兵遣将,集合所有能战的部队,甚至发动了仆从国朝鲜以及叶赫女真部,试图以泰山压顶的方式彻底消灭后金政权。于是在1619年初,明帝国与后金的第一次大战——萨尔浒之战爆发了。

此战中明军原依署兵部尚书薛三才的建议,应该抽调蓟镇一万人,九标十二营台兵两千余人,山西三镇一万人,延、宁、甘、固四镇共六万人,川、贵兵和湖、广、永顺、保靖土官各四千人。后来经略杨镐调整为辽镇和蓟镇援兵三万余,选调宣、大、山西、延、宁、甘、固七镇兵马一万六,蓟镇各路兵丁数千,辽镇新募士兵两万,以及各土司的汉土官兵共九千八百二十九名。这支明军总兵力不到九万,超过半数以上的兵源来自蓟镇和辽镇。

为了这次出征,明帝国也做了相当多的准备。战前明廷的朝臣们对军备建言甚多,其中火器、战车的制造与应用就是重点之一。比如工部提议挑选库存盔甲和铜铁佛郎机、大将军炮、虎蹲炮、三眼枪、鸟铳、火箭等火器提供给辽东前线。五月,辽东管粮户部郎中冯汝京上奏指出,明军所招募的蓟辽五千新兵应该严加训练,让其掌握使用战车及火器的技能,以作为骑兵的后盾。工部署郎中事主事米万锺也认为战车应作为骑兵的后盾使用。同时,杨镐与汪可受也为应对即将到来的大战,在辽镇监造包括战车在内的各种武器装备。

不过,此时的辽镇明军其实有着诸多隐患。

首先,战前的临时筹备,是无法弥补长期武备废弛所造成的种种缺陷的。像之前所说的一样,明军为了弥补兵源的短缺,不得不让一些逃兵返回部队。比如面对后金八旗军望风而逃的抚安堡备御毛凤文、游击郑国良、白家堡备御周守廉、三岔儿堡备御左辅,都被获准戴罪立功。

其次,作为此次出征主力的辽镇明军一向不喜欢战车部队。薛三才病亡后接任兵部尚书的黄嘉善看出了这个问题,并且表示了自己的忧虑。他说,火器为中国长技火器,旷野列阵作战战车是核心。辽镇官兵喜欢轻敌冒进、野地浪战,一向认为使用火器是无勇,使用战车是迂腐。他们没有注意到,明军能够击败敌人,其实依靠的就是火器和战车。在表达忧虑之后,他还特别表示,目前明廷已经督造了好几

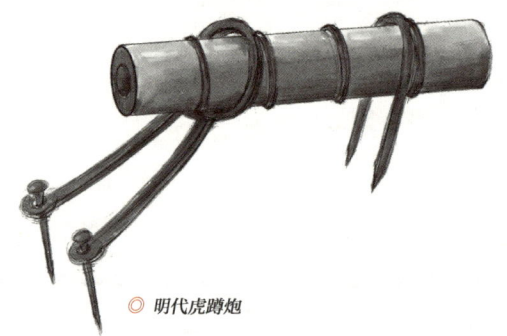
◎ 明代虎蹲炮

◎ 出土的明代鸟铳实物

百辆战车，又增设了不少火器，希望辽镇明军能够善加利用，如果不够还可以再添置。

但很可惜的是，黄嘉善的担忧成了现实。在山东承宣布政使司董启祥的建议下，各路明军以精锐为前，战车几乎都是担任后卫和补给粮秣弹药的任务。虽然董启祥认为战车可以行军几十里后结阵以待，以作老营，各部可多用哨马，往来侦探，相机应援，从而立于不败之地，但实际上，由于辽镇明军经常轻敌冒进，其结果往往是前方步骑与后方战车脱节，这给萨尔浒之战明军最终的败北埋下了伏笔。

最后，也是最为后人所诟病的，就是明军所执行的"分进合击、四路会攻"的战略布局。

杨镐曾拟定：二月十一日，大军齐聚沈阳地区，然后所有兵马分为四路出击，以赫图阿拉为攻击目标。北路明军为开原铁岭一路，从靖安堡出边，以马林为主将，以开原兵备道佥事潘宗颜为监军，从北面浑河上游地区进攻后金人。西路明军为沈阳一路，从抚顺关出边，以山海总兵官杜松为主将，王宣、赵梦麟佐之，入苏河子谷，从西面攻击女真人。南路明军为清河一路，从鸦鹘关出边，以辽东总兵李如柏为主将，以兵备参议阎鸣泰为监军，从南面攻击女真人。东路明军为宽奠一路，从凉马佃出边，以总兵刘綎为主将，以海盖兵备副使康应乾为监军，会同朝鲜兵马，从东面攻击女真人。

一直以来都有人指责说，正是这种分进合击的战略布局，给予了努尔哈赤集中优势兵力各个击破的机会。其实从军事学角度来说，在古代，近十万大军聚集于一路，在后勤上和指挥上都是不可行的，所以他们只能分兵前进。但在没有无线电的时代，分兵前进很容易给对手机会抓住空档跳出包围圈，或者集中优势兵力各个击破。

因此，古代的军事家对约期行进看得非常重。每支部队在规定时间必须停留在规定地域，可以有弹性范围，但不得超过。等大家都走到规定地域，就可以灵活发挥了，因为形成合围后，敌人的机动空间就会很小，可逼迫敌人与己方进行决战。

拿破仑战争时期的莱比锡战役就是在没有无线电的条件下实行这种战略的完美例子。虽然拿破仑痛击了每一路出现在自己面前的反法联军，但是由于其他各路联军协调一致，拿破仑无法彻底吃掉每一路联军，又无法跳出包围圈，最后只能被优势敌军包围。该战堪称凡人困死天才的经典战例。

所以，这种战略成功的关键点，在于大家是否能够按照战前约定的时间抵达应该抵达的地点，彼此呼应，相互掩护。这也是史书中常常出现"失期必斩"、"以逗留得罪"记载的原因。因此，古代军事家要弥补通信落后的缺点，通过事后控制的方法来保证不同部队的指挥官在规定时间走到规定位置（区域）。如该指挥官在后一个阶段还逗留在前一个阶段的位置，那就暴露了一个大空档，会给在内线活动的对手提供打通外线的机会。所以古代的军法中对"失期"和"逗留"的处置特别严苛，动辄杀头，这也是没办法的办法。

其实明军在出战前也申明了相关纪律。

明帝国边防史：从土木堡之变到大凌河血战

◎ 描绘拿破仑作战情景的油画

违期逗留、观望不救援，主将以下领兵官皆斩；临阵报私仇、退缩私逃、私藏妇女、滥杀、争夺首级财物者斩等，共有十四条战场纪律。但是即使三令五申，如果没人执行，也就等于白说。辽镇明军素有轻敌冒进的风气，同时因为兵员短缺，又有临阵脱逃不受处分的弊病。其结果自然是"勇者独进，怯者独退"，正常的"分进合击"被执行成了"分进独击"，最终造成了明军萨尔浒之战的惨败。

萨尔浒之战的血泪

根据西路明军监军张铨等人的奏报，沈阳路主将山海关总兵杜松与副将赵梦麟、王宣等人于二月二十八日率兵三万由沈阳出抚顺所，二十九日至抚顺关。按原计划，该路明军应该在下午三时出边，但杜松却违反命令指示，提前出边了。三月一日，杜松所部抵达萨尔浒地区，而掌车营枪炮的龚念遂部却并未渡河，只是驻扎于斡珲鄂谟。前后脱节的杜松部渡河后取得了一些小胜，比如生擒十四名女真人，焚毁了两座女真营寨。此后，杜松亲率一部攻击吉林崖（界凡山）的后金军，并将主力屯驻于萨尔浒山，由监军张铨指挥。后金军则于三月一日早上七点出兵。努尔哈赤得知西路明军情形后，立刻派遣两旗兵力增援吉林崖，并亲自率六旗攻击萨尔浒山上监军张铨所部西路明军主力。虽然萨尔浒

来自女真八旗的终极挑战

◎ 清军破杜松营地战图

山的张铨部立刻"挖堑竖栅，布列火器"，但仍未能阻挡后金军的攻势，终被击溃。杜松所率明军在乘胜前往二道关后，中了三万后金骑兵的埋伏。杜松率军奋战数十余阵，并试图占领山头制高点，但此时周围又出现伏兵，杜松面中一矢，落马而死，西路明军就此不支溃散。

杜松此战没有带上车营，一般有三种说法。其一是浑河水势太猛，导致重型装备无法渡河；其二是杜松贪图军功，不待车营到位便渡河与后金作战，结果败亡；第三是杜松不待车营到位便渡河与后金作战，结果后金军在上游放水，将杜松军截成两段，此后留在后队的车营和火器又被后金的奸细烧毁，杜松被迫轻装上阵，最终败亡。不过考虑到龚念遂部之后仍有激战的记述，最后一种说法可能不准确。

但无论是哪种说法，其结果都是杜松没有带上车营，又没能抢占制高点，导致了后来明军多米诺骨牌式的一系列败北。

消灭杜松部后，八旗军转身开始攻击马林部。马林部离开开原后，本应于三月初二抵达二道关与杜松部会师，但该部至初二日中午仍驻扎于三岔口外的稗子谷。因此，当马林部开始往二道关前进时，杜松部已经被歼灭。马林于当日晚间到达王岭关附近。三日晨，马林闻知努尔哈赤率兵前来，遂率兵万人前往尚间崖，并派遣开原道监察御史潘宗颜率领数千人前往尚间崖东面三里的斐芬山，与在斡珲鄂谟的西路残军龚念遂部互成犄角，相互声援。明朝方面的史料对马林部的情况交代不多，但《满洲实录》中对马林部次日战前的描述是：马林刚刚起营，见后金军至，于是停下来四面布阵，并且绕营挖掘战壕三道，壕外布置大炮，炮手皆站在大炮之外。大炮之内又密布骑兵一层，前列枪炮，其余官兵皆下马于三层壕内布阵。可见马林部未使用战车，而且其阵形是将大炮放在阵外，骑兵布置在内，大炮和炮兵没有任何保护。因此交战不久，后金军就迅速击败了马林部。

原属杜松部的龚念遂、李希泌率领车营骑步兵一万，三日后在斡珲鄂谟处安营，

◎ 清军破马林战图

◎ 清军破龚念遂营战图

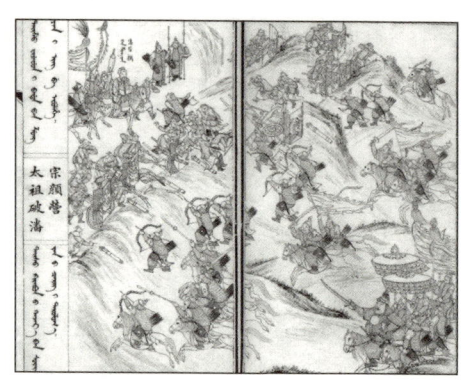
◎ 清军破潘宗颜战图

布置战车，组织防御，绕营凿壕。可惜这支仅有万人的残军难以御敌，最后被皇太极率骑兵冲入战车阵中，龚念遂等人皆阵亡。《清太祖高皇帝实录》称："时明左翼中路后营游击龚念遂、李希泌统步骑万人，驾大车，持坚楯，营于宅闲芳漠地，环营濬壕列火器。"

接下来覆灭的是原属北路的潘宗颜部车营部队。当马林屯于尚间崖时，潘宗颜部一万兵马正驻扎于三里外的斐芬山。努尔哈赤率领下马步兵向潘宗颜部仰攻，明军则"以楯遮蔽，连发火器"，最后因为兵力悬殊，被后金军突入车营，导致战败。

努尔哈赤在击败杜松和马林二部后，开始集结兵力攻击东路刘綎部。刘綎部有明军万余，并有朝鲜所派都元帅姜弘立和副帅所统领的万余朝鲜兵。十九日，朝鲜军左右营开始渡江；次日，元帅姜弘立渡江；二十二日，中营渡江；二十三日，朝鲜全军渡过。经过姜弘立的查勘，渡江朝鲜军的实际数量为"三营兵一万一百余名，两帅标下二千九百余名"。二十五日，天降大雪，朝鲜军到达亮马佃。二十六日，朝鲜军与明军刘綎部会合。姜弘立以粮食几尽为由，要求等待补给到来，但为刘綎所拒。二十七日，明军先行，至平顶山下营。朝鲜军则在拜东岭十里许下营。这时朝鲜士卒因粮食基本耗尽和长途跋涉，状况不佳。为了追上明军，姜弘立下令各营留下六百人，设为老营，将走不动的步兵和难以运输的军器留下，其余部队全力追赶明军。二十八日，朝鲜军主力通过牛毛岭。

由于树木茂密，加上后金军于大路上砍倒树木，阻绝明军和朝鲜军前进，并一路派遣零星军队偷袭，明军和朝鲜军于二月二十五日才成功会师，后因路途艰险，直至三月初四日才到达宽甸东北富察一带。刘綎部在出宽甸时，遭遇并包围了由牛录额真托保、额尔、纳尔赫三人所统领的五百守卫兵。明军在取得小胜后失去纪律，开始四处劫掠，直至发现努尔哈赤的主力，才在阿布达哩岗布阵。

当时努尔哈赤的策略是：先留下四千兵力防守赫图阿拉，然后派遣皇太极等率领右翼四旗兵埋伏于阿布达哩岗山林中，阿敏率兵埋伏于阿布达哩岗南面的谷地，待刘𬘩部通过一半时，追击明军的后部。代善则率领左翼四旗兵，在岗北隘口前迎击明军。战斗开始后，刘𬘩命老弱各持鹿角枝，绕营如城，遇敌则置鹿角于地，转瞬成营，使得后金骑兵不能冲入，明军乘机布置火器，轰击后金军。明军骑兵在火器的掩护下攻击后金军，疲劳后则撤回休息。按照车营战术，刘𬘩部面对后金军一时间占据了上风。但这时，努尔哈赤派遣间谍冒充杜松的部下前去刘𬘩部，伪称杜松部告急，催促刘𬘩前进。刘𬘩误认为杜松已进逼赫图阿拉，遂命部队疾行，结果进入了后金军已埋伏好的阿布达哩岗。后金军采取的战术与先前相同，先占领制高点，然后由皇太极率领右翼兵登山担任先攻，阿敏则后攻。后金军兵力约三万骑，自密林中伏击明军。明军则因占领制高点失败，仓皇结阵，结果因受代善和皇太极夹攻，无法结成阵势，没能发挥火器优势。双方激战至下午五点多，明军战败，刘𬘩战死。

同日，原属刘𬘩的康应干所部步兵已经完成布阵，驻于富察旷野处。后金军代善部注意到康应干部明军仅持狼筅、长枪，披藤甲，火器较少；而朝鲜兵身披纸甲，着柳条盔，已经将枪炮层层排列。因此后金军先行攻击火器较少的明军。双方接战时突然刮起大风，明军释放火器造成的烟雾被吹回了本阵，后金军则利用明军视线不明的时机，大举冲入明军阵中，击败了明军，康应干仅以身免。

取胜的后金军面对已经布置好拒马和火器的朝鲜军队，却颇费了一番周折。后金军先攻击的是朝鲜军的左营，结果被拒马所阻，并连遭朝鲜火器杀伤。随后后金军以马群在前，铁骑在后，以兵器驱马。马群撞开拒马，

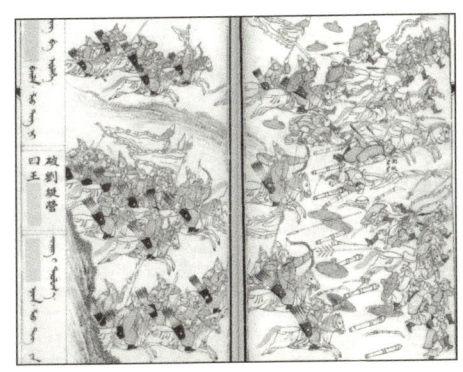

◎ **清军破刘𬘩营战图**

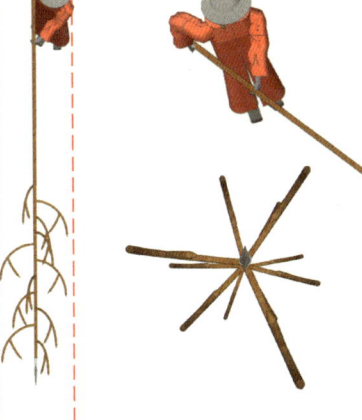

◎ **明代狼筅图**

后金军才最终击败了朝鲜军。

五日，随着驻扎山上的原刘綎部数千浙军残军被后金数百骑扫荡无遗，明军四路大军中的三路已经全部溃败。

至于南路的明军李如柏部，在出鸦鹘关后，行军缓慢，至虎栏关就按兵不动。虽然经略杨镐在得知杜松和马林两军溃败后即命刘綎和李如柏回师，但刘綎还没得知撤军的消息就被后金击溃了，而李如柏一直观望不前，虽被少数后金部队骚扰，但仍能保存实力退回防线。

据辽东监军陈王廷记载，萨尔浒之战，明军共阵亡文武官员三百一十余名，损失士兵四万五千八百七十余名、马骡四万八千六百余匹、战车一千余辆，不可谓不惨重。明廷战后总结道：战略上，各路明军准备都极不充分，并且没能很好地执行分进合击的战略，导致被各个击破。战术上，明军因为各种因素，没能发挥出战车的优势，虽然杜松、刘綎部都打得非常顽强，却依旧没能阻挡八旗军的猛攻。万历四十八年（公元1620年）二月，户科给事中官应震上奏指出，杜松的败因是没有利用好车营，并且轻率冒进。同年三月，湖广襄阳府推官何栋如也认为：当时明军中有名将称号的大多只是悍将，只会凭着武勇率领家丁们猛冲猛打；至于纪律执行、战前谋划等方面都非常薄弱，也就更谈不上运用和指挥火器战车作战的能力了。

另外，当时不少人也指出：明军训练普遍不足，实际战斗能力和车营预设差距很大。就算有演练，也只是按图索骥，都是知其然而不知其所以然。比如问及旌旗进退、法令，"问之兵，兵不知其故也，问之将，将亦不知其故也"。总之，萨尔浒之战新败后，明帝国朝中关于边防之讨论日益激烈，其焦点主要集中于京营与辽镇的战车应用。之前京营的车营制度一直维持俞大猷所建立的车制和营制，现在遭逢大败，朝臣为谋远虑，有了更新车制、营制的想法。而萨尔浒之战，关外明军精锐损失四万五千多人，开原铁岭之役中，明军也是损兵折将。因此，如何重建辽镇武装力量也成了朝廷的当务之急。

万历四十七年七月，锦衣卫都指挥使张懋中奏请京营设立新制战车及战车营。张懋中希望将京营和边镇原有的武刚车、辎重车和双轮车改造成名为"铁冲"的单轮轻战车，以五百辆为一战车营，每车配属六人。"前列遮牌，上施铳炮，山川险夷通行无碍。每车六人，二人拥挽，二人持钩镰，为左右翼，二人司火药。"张懋中的京营改造计划规模虽大，但内容较空洞，并不比先前的京营车制和营制严谨，只是抓住了战车小型化的潮流，所以这一大规模改造计划最后并没有得到朝廷的青睐。

万历四十七年八月，浙江杭州右卫经历程继怡奏请改良炮车及战术。程继怡的改良主要是利用炮车的高度差来解决同高度炮车在轮放时必须移动车体的问题。这样炮车就可以在不移动的情况下轮流发射。

除文臣请造战车外，武将也在请造战车。如万历四十八年五月，广西把总李自用上奏请造鹿角车、遁形车和枪车。

《武备志·军资乘·阵练制》里记载有遁形车和枪车。遁形车是把原先战车上

车高二尺五寸（80厘米）　　车高三尺五寸（110厘米）　　车高四尺五寸（140厘米）　　骑兵一列　　骑兵二列　　骑兵三列

◎ 程继怡炮车示意图

所绘的惊吓马匹用的猛兽立体化，以增强对抗骑兵的效果，有虎车和象车两种。枪车则是以防护力取胜的一种战车。《武备志》所记载的三种枪车中，第一种仅车前有刀枪防护，第二种车头和车旁均有刀枪防护，第三种"塞门架器车"则符合李自用"其制如门刀"的说法。所谓"门刀"，即是指《武经总要》中的"塞门刀车"。这些新式战车的出现，反映出将领们对于提升战车防御力的迫切希望。

巡视京营工科给事中范济世等则认为，比起改革战车和车营，让明军出城操演更为重要。他提出，京营应该给营中六将各在城外划出一片区域，各配以战兵五千或一万，在各自区域里操演，使军士熟知"地之险易，人之勇怯，时时摆列战车，演放火炮"。六月底到任的京营总督泰宁侯陈良弼也支持范济世的观点。他首先主张让京营战车拥有固定的演习区域，又主张要补齐京营所缺的八百余辆武刚车。

明帝国的第一次军事改革是由楚党领袖、户科给事中官应震提出的。官应震提出要改革武举，提高应考内容的合理性。以往武举考试只设策论及弓马武艺考核，官应震要求增加"营阵、地雷、火药、战车等项"，以便让考试的内容与实际需求

相符合。官应震还提出，要将在武举考试中发现的优秀人才直接派往边镇效力，以增强边防力量。官应震改革武举的建议很快得到批准，并开始由兵部实行。

明军开原、铁岭之败后，熊廷弼被任命为兵部右侍郎兼都察院右佥都御史，经略辽东。万历皇帝特别给他赐剑一口，"将帅以下不用命者，先斩后奏"。到任后，熊廷弼一针见血地指出，辽东军的弱点首先

◎ 虎车

◎ 象车

是兵力分散，其次是家丁部队和一般士卒之间待遇差距过大，最后是训练严重不足。

因此，熊廷弼针对当地的实际情况，提出了一系列具有实践性的军事措施：第一，针对八旗军暂时还不能正面攻破明军砖石堡垒的现状，下令强化堡垒战术。第二，针对辽东土地肥沃的情况，建议开始屯田，同时做好坚壁清野的准备。第三，下令于关内征调明军精锐。第四，严明军法，斩杀临阵脱逃的裨将刘迂节、王捷、王文鼎。最后，针对明军野战处于弱势的现状，提出八旗军"死兵在前，披重甲，锐兵在后，乘其胜"的战法只有火器配合车营才能对付，并开始增强车营。

熊廷弼打算在辽东建立配置三四千辆战车的部队，并想从中央和地方政府仓库中调拨四千五百门大炮，重建辽东部队的战力。另外，针对辽东工匠不足，无法大规模普及战车和火器的现实，熊廷弼还奏请朝廷调拨一两千名木匠到辽东打造战车和粮车。

然而当时明帝国经济崩溃，欠饷不发已是常态，光九边的"京运"和"民运"两项饷银就"欠饷四十四万有奇"，更没有财力支撑熊廷弼的宏大计划。

虽然由于财政、人事等各方面的原因，熊廷弼的方略没能完美地实行，但他针对明军弱点进行的改革初见成效。在其担任辽东巡抚期内，努尔哈赤一直不敢发动大规模战争，使得辽东军民感叹"数十万生灵皆廷弼一人所留"。

在熊廷弼的努力下，辽东局势开始稳定。可惜的是，一直在明廷造成内耗的党争再次出现了。万历四十八年五月，八旗军进攻蒲河，明军战损七百人。熊廷弼的政敌，吏科给事中姚宗文无视熊廷弼麾下贺世贤等将领也有斩敌俘敌的功劳，大肆倾轧诽谤熊廷弼，称其"出关一年有余，诸事没有规划；尚方宝剑在手，只是供自己作威作福；拥兵十万，不能斩将擒王"。时值万历皇帝驾崩，天启皇帝继位，最终熊廷弼被迫去职。

萨尔浒之战对明军的影响极为重大。明军自此不敢再轻视后金军的实力，开始在辽东镇大造战车并改良战车战术。但是，一直困扰着明帝国的党争内耗和财政崩溃依然阻碍着明边防实力的恢复。与此同时，后金也开始研究如何应对明军的车营战术，并积极地寻求火器和相关技术。大明与后金开始走向新一轮的较量。

◎ 努尔哈赤所用宝剑

来自女真八旗的终极挑战

大凌河之战的悲歌

万历皇帝驾崩,熊廷弼又遭弹劾罢黜,明军政局不稳,边军易帅,接任的袁应泰又是个不知兵之人,这对努尔哈赤来说是个天赐良机,于是他乘势发动了沈阳战役。

三月,努尔哈赤率领八旗大军攻击沈阳,用船舶携带盾车和扎营的栅栏等工具顺浑河而下,水陆并进。明军侦察到八旗军到来,立刻在城外布阵,并在城墙外挖掘壕沟,沿壕沟竖起木墙。在靠近木墙的地方,明军又挖掘了两条大壕沟,宽三丈(10米),深二丈(6.6米)。明军还用土做成木墙的城垛,并在上面排列火器战车。面对这样守备严密的敌人,八旗军并没有贸然攻打,而是利用明军总兵贺世贤"勇而嗜酒"的弱点,用侦骑数十引诱贺世贤。贺世贤果然率千余骑出城追击,结果被引入包围圈。中伏后的贺世贤且战且却,一直退到城下。可此时后金内应已经毁掉了壕沟上的桥梁,贺世贤无法入城,最后身中十四箭战死。城中的另一位总兵尤世功为了救援贺世贤,出城死战,结果也力战而死。此后,八旗军趁着沈阳城内失去指挥的时机,用盾车云梯进行猛攻。当时战况激烈,明军火炮因为频繁发射而过热,只要装入火药就会被膛温点燃。最终,八旗军在内应的配合下,攻陷了沈阳城。

沈阳被围之时,辽阳总兵童仲揆、陈策率军来援。这支明军执丈五竹柄长枪,配大刀、利剑、铠甲,是当时辽东明军中的精锐。当这支明军还在渡浑河时,沈阳已经失陷。于是已经渡过河的石砫土司秦

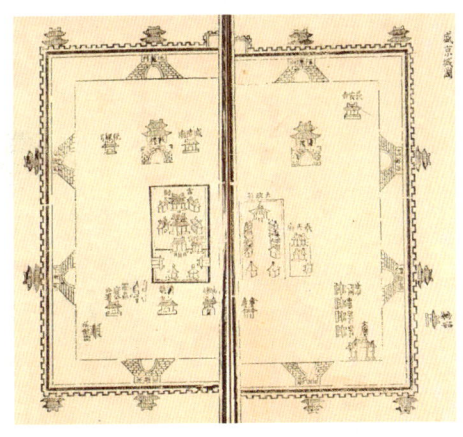

◎ 清代沈阳城防图

邦屏在浑河北岸扎营,童仲揆、陈策则率领浙兵三千在浑河南岸扎营。结果秦邦屏还未筑好营垒,八旗军就已经杀到,秦邦屏率军死战,三次打退八旗军的进攻。最后八旗军凭借盾车的掩护才击败了秦邦屏部。秦邦屏战死后,余部退入浙营,八旗军围之数重。明营中发射火器,对八旗军多有杀伤,直至明军火药用尽,八旗军凭借兵力优势才压垮了明军。最后童仲揆、陈策等挥刀冲突,各杀十余名八旗军后战死。是役,八旗参将布哈,游击郎格、石尔泰战死,士卒折损数千。女真人称此战:"明以万余人当我数万众,虽力屈而覆,为辽左用兵以来第一血战。"

从沈阳和浑河之战可以看出,当时的八旗军缺乏重火力,面对明军车营的严密防守,要靠诡计和内应来取胜。虽然八旗军想出了"以车制车"的战术,但更多地是以盾车防御明军的投射力量,让八旗军队可以抵近肉搏。这种战术对于缺乏火器

或者布阵不完全的明军军队，如浑河北岸的秦邦屏部来说尚且有效，但面对浑河南岸的陈策部就显得很无力了。特别是浑河南岸之战，八旗军依靠盾车防御明军的投射火力，然后以重步兵抵近，试图依靠自身铠甲的防弹性能硬冲，结果在强大的火力攻击下伤亡惨重，直到明军火药用尽，才通过近身战击败了明军。可以说，此战中明军车营战术优势尽显，八旗军虽然获胜但代价惨重。

不过，浑河之战也让努尔哈赤明白了"以车制车"战术是正确的。而攻陷沈阳、辽阳后，八旗军也缴获了大量明军火器，开始尝试建立自己的战车部队。

天命八年（公元1623年）四月一日，努尔哈赤规定：每牛录遣甲兵百人，以十人为白巴牙喇，携炮二门、枪三支；四十名为红巴牙喇，携炮十门、枪二十支，其中十人携盾车二辆、水壶二个；黑营五十人，携炮十门、枪二十支，其中二十人携盾车二辆。

可以看出，在努尔哈赤起兵八年后，火器与战车在八旗军中的比例已经很高了。由此可见，虽然很多人认为八旗是骑射立国，但他们首先倚重的是重装步兵突击，后来很快转为依托火器与战车。八旗甚至规定"遇敌若无盾车，切勿出战"，并有

◎ 后金军所用铠甲

因未携带盾车就贸然投入作战而获罪的记载。

努尔哈赤死后，继位的天聪汗皇太极更加倚重火器。他以满人勋贵佟养性为指挥官，以汉人为兵丁组建炮兵营，同时大力仿制红夷大炮，最终于天聪五年正月仿制成八旗第一门红夷大炮。至此，八旗军通过收编以及仿制，拥有了红夷大炮之类的重型火炮，并且凭此创立了车营战术，拥有了野战条件下正面击败明军火器车营的实力。而这种实力将在1631年的大凌河之战中体现出来。

不过，要说大凌河之战，就要先把时间退回到崇祯二年，也就是后金天聪三年（公元1629年）十月。当时皇太极以喀喇沁台吉布尔葛为向导，出沈阳，经都尔鼻（辽宁彰武），进入科尔沁，至青城扎营，打算迂回入边，突袭北京。大贝勒代善和三贝勒莽古尔泰都不同意这次远征，但皇太极硬是以一己之力促成了远征。八旗军于二十四日到达老河，皇太极"各授以计，分兵前进"。然后八旗军从喜峰口突入塞内，连下数城，逼近北京。明将袁崇焕得知后立刻星夜驰援京城，同时急调大同总兵满桂兵马五千、宣府总兵侯世禄兵马两千，前往救援北京。

不过，由于此前袁崇焕擅杀毛文龙，导致崇祯对其疑心极大，且当时谣言四起，

来自女真八旗的终极挑战

◎ 复原操演中的后金红夷大炮

关于袁崇焕通敌的言论不绝于耳，加之崇祯本身就是一个疑心病很重的人，这一切都导致崇祯宁可相信蒙古将领满桂也不相信袁崇焕，最后直接将袁崇焕逮捕下狱。

可在这个当口抓走一军主帅，直接导致了明军的再次崩溃，名将祖大寿更是直接东走山海关。此后，剩余明军被迫以区区数千精锐与八旗主力野战，导致蒙古将领满桂于永定城外战死。

当时八旗诸将争请攻城，但皇太极认为明王朝"疆域尚强，非旦夕可溃者，得之易，守之难，不若简兵练旅，以待天命可也"，撤军东返。在这种情况下，明廷被迫启用了已逾古稀之年的大学士孙承宗。之后明军反攻，夺回了被八旗占领的永平四城，守城的贝勒阿敏逃跑。

崇祯四年（天聪五年，公元1631年）正月，永平四城夺回后不久，孙承宗便东出巡关，准备重新整备关外防务。经过崇祯批准，他决定先修筑大凌河城（大凌河中左千户所），以连接松山、杏山、锦州等城。因此，总兵祖大寿、何可刚等率领十余名副将正式前去动工重建。

皇太极知道后表示："坐视汉人开疆拓土，修建城郭，缮治甲兵，使得完备，我等岂能安处耶？"同时声称明帝国的精锐皆在此城。七月二十日，皇太极率领八旗部队从沈阳出发，八月一日，臣服于后金的蒙古部落领兵前来会合，驻扎于旧辽河。

八旗军会合了蒙古人之后，兵分两路，一路由贝勒德格类、阿济格、岳拖率兵两万，经过义州驻扎在锦州和大凌河之间；一路由皇太极亲自率领，走白土杨，趋广宁大道。两军约定六日会于大凌河城。

由于大凌河七月中旬才开始重建，辽东巡抚丘禾嘉又擅自做主同时修复右屯城，分散了人力物力，此时大凌河城仅修复了一半。大凌河城中原有官兵一万六千零二人，后派出买战马和镇守宁远二千二百人，所以战兵只剩一万三千八百零二人，另外有夫役商贾一万多人，总人数不超过三万。

如前文所述，八旗军此时已经拥有了大量火器，甚至拥有了红夷大炮，因此不会像过去那样面对明军的炮火被动挨轰或靠前面的死士用命来填。皇太极决定采取围点打援战术，八旗军开始围城并环城挖掘壕沟。据记载，该壕沟周长三十里，城与壕之间有三里。壕沟深一丈，宽一丈，壕外砌墙，高一丈，墙上有垛口。八旗军又于墙内五丈处掘壕，壕沟宽五尺，深七尺五寸。八旗各个军营外也挖掘壕沟，深五尺，宽五尺。八旗军的这一系列动作截断了大凌河内外的交通。另外，此次围城，部分蒙古部队作为八旗的后备队也参与其中，不过他们没有参与挖壕，而是利用其机动性强的特点扫荡明军侦骑和截断通讯。

城中明军发觉皇太极的意图后，也曾派遣百余骑兵出击，试图破坏八旗军的土木作业。但出击的明军被皇太极派遣的八旗精锐巴喇牙（此时已改名为护军）击败，都司王延祚被俘。壕沟挖好后，皇太极命令佟养性率领汉军将火炮布置在通往锦州的道路上，以阻击明军来援。

面对八旗如此严密的防守，明军也惊叹："逆奴围凌，连挖四壕，湾曲难行，器备全全，计最狡矣！故虽善战如祖大寿，无怪其不能透其围！"

八月十六日，锦州派兵两千来援。二十六日，丘禾嘉与吴襄、宋伟合兵六千开往大凌河，在长山（大凌河城东南）与八旗军接触，败回。九月十六日，皇太极决定亲自出击锦州，断绝明军对大凌河的支援。他先下令让一百名八旗军诱敌，自己率主力埋伏在小凌河岸边。七千明军贸然出击，被诱入埋伏圈。见到明军中计，皇太极亲自带领巴牙喇冲锋，击败了该部明军，然后乘机进军至锦州城下，大批明兵被逼入城壕。在这场战斗中，多铎坠马差点战死，可见战斗之激烈。

此战之后，皇太极继续设计，命一部分八旗军伪装成锦州援军，引诱祖大寿出战，自己则率领巴牙喇再次埋伏起来。祖大寿中计后出城遇伏，最后仓皇退回城内。皇太极下令将抓到的明军俘虏集体屠杀。

战后，大凌河城内可谓一片愁云惨淡。城中粮草将尽，连原有的七千战马都几乎倒毙殆尽，只有七十匹可以骑乘。军民死者过半，幸存者只能以马肉为食。虽然如此，明军依旧决定死守，不肯投降，期待着朝廷的援兵。

二十四日，明军援兵终于到来。监军张春会同吴襄、宋伟等战将百余员，率领四万步骑渡过小凌河，列车营与八旗对峙。二十七日，明军拔营向大凌河城推进，在距城池十五里处的长山与八旗交战。皇太极准备在明军战车到位前冲垮对手，但这次和以往不同，明军一开始便摆出了车营，所以没有像萨尔浒之战时那样措手不及，也没有像浑河最后关头那样寡不敌众，双方可谓是真正的面对面较量。明兵岿然不动，齐发枪炮，声震天地，铅子如雹，矢如雨霞，直接击退了八旗左翼的攻势。于是皇太极命令火炮营行动，用大炮和火箭摧毁了明军的东部车阵，右翼八旗一拥而入，先前遇挫的左翼也随后跟进。此时明军中的吴襄见势不妙，直接率部逃跑。但张春则重新集结剩余部众与八旗军缠斗（"其余少半之敌，复聚列阵"）。最后，被逼无奈的明军只能火攻。女真人记述道："时有黑云起，且风向我军，明兵趁风纵火，火燃甚炽，将逼我阵。"但有时候运气也是战争决胜的条件之一，当时"天忽雨，反风向西，火灭，明军反被火燎"。战至此时，其实战局基本已定，但明军依旧鏖战不已。皇太极投入最后的盾车部队，"列行营兵车盾于前，护军、蒙古兵及厮卒列于后，于是营兵推战车近敌，纵马兵发矢冲击"，依靠多兵种配合，八旗军最终击败了明军。

可以说，八旗军在大凌河取得胜利最重要的原因就是重用汉人投降过来的炮兵。当时八旗军给汉军"一等炮手赏银八十两，二等炮手赏银五十两"——要知道，明军的选锋兵一月收入也不过二两银子——同时对管理的军官也给予厚赏："管红衣炮甲喇章京各赏牛一头、妇女二口"。八旗军依靠缴获和模仿制造的火器，成立炮兵营，与盾车配合，最终打破了屡冲不破的明军车营。

此战中明军一开始就摆出了车营，在一段时间里让八旗军束手无策。可以想见，萨尔浒之战后的一系列会战中，如果明军能够正确运用火器与战车，或许就不会接连惨败了。但是历史没有如果，通过之前的一系列会战胜利，八旗军已经积累起了能够正面击破明军火器车营的力量。

其实，车营的主要力量来自于投射火力——火器，这一直是明帝国最为倚重和擅长的。但是，明帝国在内外交困之下，一直不能真正发挥其作战效能。相反，八旗军作为一支新兴的武装力量，虽然野蛮残忍，但骁勇善战；后金作为一个新兴的政权，虽然以劫掠和屠杀为手段，但能保证其高效运转。最终，后金八旗从不同方面建立了对明帝国的军事优势，甚至在火器数量上都占据了优势。

大凌河血战的结局其实正揭示了这一点。此战正式宣告明军已全面失去军事优势。此战后，明帝国边防线的全面溃败就只是时间问题了。

/ 本书作者团队简介 /

杨继正： 酷爱研究明代中后期政治军事史，曾参与《战争事典》《信史》的文章写作。

邓克钰： 文史爱好者，致力于古代战争历史、军事技术的研究，对明朝军事史尤有深入探索，曾参与《战争事典》的写作工作。

暗夜惠玉： 古代武术研习者，云松武道社社员、虎贲长三角分部团员，擅长剑道及欧洲剑术，参加过多次全国着甲武术比赛，致力于在国内部分高校传统弓箭社团推广古代格斗和射艺，同时深入研究近代世界军备武器发展。曾参与《战场决胜者》的文章写作。